★第一線の記者が教える★

ネイティブに通じる英語の書き方
Write Like a Pro

ジャパンタイムズ外信整理部長
伊藤サム
Sam Ito

The Japan Times

はじめに

一緒に書きましょう！ Let's Write!

　日本のあるところに、英文を書くと無料で徹底的に添削してくれるところがあります。添削するのはプロ中のプロで、毎日毎日、あるときはやさしく、あるときは厳しく指導、英語上達のコツや書き方の秘訣も惜しまずに教えてくれます。

　この夢のような場所とは、新入社員からみたジャパンタイムズ社のことです。

　ジャパンタイムズの新人記者にはネイティブの人もそうでない人もいますが、英文ライターに要求される能力はとても高く、ベテラン記者による添削と指導が欠かせません。

　また、日本の英語教育では「文法的に正しい英文」の書き方は教えても、**実際にコミュニケーションに役立つ「使える英文」の書き方**は教えてくれません。そのために日本の大学を出て入社した新人記者たちは書き方をゼロから勉強することになります。

　この本は、ジャパンタイムズでの新人研修を再現するというコンセプトで作られています。やさしそうな課題が多いですが、じつはジャパンタイムズで蓄積されてきたノウハウが込められ、一生役に立つ英語力がつくように設計されています。

　ジャパンタイムズ社発行の英語学習・情報紙『週刊ST』では「これであなたも英文記者」というコラムを長期連載しています（1998年10月に連載開始）。これを再編成・加筆したものが本書です。毎週、熱心な応募（課題の英訳など）が200通を超えます。私はこの応募作品をすべて読みますが、読むと日本人に共通する英語の弱点がはっきりと分かります。この分析を元に講評し、添削をし、モデル訳を書き、そして新たな課題を作成してきました。このプロセスにより、通常の英作文練習本よ

りはるかに濃い内容の本になっていると思います。

　コラムの、課題考案・リサーチ・作品分析・講評執筆などの作業には、1つの課題ごとに20時間以上かかります。それを本書では3ページに凝縮しています。編集部による編集作業も大変なものですし、なによりも全国で毎週200名を超える方々がこの課題を英語で書くために使っている膨大な時間を考えると、畏敬の念に打たれます。

　このコラムでは時々、「おことわり」として、応募作品と作品に添えられたコメントなどをジャパンタイムズの学習本などにも掲載することがあることをお知らせしています。本書では添削用作品やコメントの一部を引用させていただきました。匿名にすることも検討したのですが、応募された方々が費やされた労力を考えると失礼になると判断し、実名のままにさせていただきました。この場を借りて厚くお礼申し上げます。

2001年9月

伊藤サム

CONTENTS

- 課題一覧 ・・・・・・・・・・・・・・・・・・・・・・・・・・・・・・・・・・・・・・・ **007**

- **Introduction**
  英語で書くコツ ・・・・・・・・・・・・・・・・・・・・・・・・・・・ **013**
  - 英語で書くコツ 10 か条 ●最高奥義は KISS：シンプルに書く
  - 英作文とは違う「親切な英語」●現代英語はやさしく自然
  - 「結論から先に書く」は一大発明
  - 短い文に分割すると書きやすく、読みやすい
  - 背伸びせずに「簡訳」を ●うまくなるにはとにかく書く
  - やさしいことはとても大切 ●最後まで推こうするのもコツ
  - うまく訳すコツ ●「やさしくたくさん」

Chapter 1
まずは基本：冠詞特集 ・・・・・・・・・・・・・・・・ **025**
課題 **1 → 3**
号外 冠詞が分かると英語が分かる ──── **035**

Chapter 2
書き方入門1：分かりやすく書く ・・・・・・・・ **039**
課題 **4 → 6**
号外 分かりにくい「悲劇の翻訳」──── **049**

Chapter 3
書き方入門2：ピンとくるように書く ・・・ **051**
課題 **7 → 10**
号外 ハッピーな月曜日 ──── **064**

Chapter 4
書き方入門3：面白く書く ・・・・・・・・・・・・・ **065**
課題 **11 → 14**
号外 最終奥義は「どんどん書け」──── **078**

CONTENTS

Chapter 5
新語を英語にするコツ ……………………079

課題 **15 → 20**

号外 とても恥ずかしかった新語 —— 098

Chapter 6
日本人に共通するミス1 ……………101
—— その単語、ホントの意味は？

課題 **21 → 26**

号外 英語脳でチェックする —— 120

Chapter 7
日本人に共通するミス2 ……………121
—— その単語、危険です！

課題 **27 → 33**

号外 日米秘話：課題にはノウハウが満載 —— 143

Chapter 8
すれ違いコミュニケーション …………147
—— いつ・どこで・だれと・いくつ？

課題 **34 → 38**

号外 おばさんとおばあさん —— 163

Chapter 9
基本に戻り、深い英語の世界へ ………165

課題 **39 → 42**

号外 冠詞が弱いと、英語の森で一生迷う —— 182

装丁 —— 倉田明典
カバーイラスト —— 大竹雄介
本文デザイン —— 加藤正美
編集協力 —— 松本静子

課題一覧

 **1** P.026
昔、美しい 3 人の娘を持つ王様がいました。長女は隣国の王と結婚しました。次女は敵国の王子と結婚しました。三女は銀行の頭取になりました。そしてみんな幸せに暮らしました。
▌冠詞 a, an, the を使い分ける練習です。隣国はこの国しか存在せず、敵国はほかにもあり、この敵国にはほかにも王子がいると仮定して冠詞を決定してください

 **2** P.029
昔むかし、おじいさんとおばあさんがいました。おじいさんは川へ釣りに行きました。おばあさんは山へスキーに行きました。
▌助詞「〜が」と「〜は」を訳し分けることができれば上級者です

 **3** P.032
東京の駅で昨日、酒に酔った男性が線路に転落した。再発を防止しなくてはならない。
▌「東京の駅」「東京駅」「東京のその駅」を区別できますか？

 **4** P.040
わが社は創立 50 周年だ。でも私の給料は安い。
▌「創立」に相当する英単語を知らなくても書けます

 **5** P.043
毛利衛さん (52) が 1992 年に続き、2 度めの宇宙飛行を終えた。
▌読み方は「もうりまもる」。2 度めの宇宙飛行 (スペースシャトル) から帰還した (2000 年 2 月 22 日) 直後の文章です

 **6** P.046
東京・港区の芝浦第一警察署に昨日午後 4 時頃、110 番電話がかかり、女性の声で「運転していたトラックで乗用車に追突した」との通報があった。署員が現場に駆けつけたところ、乗用車に乗っていた 3 名は死亡していた。
▌これは日本語の新聞記事 (冒頭部分) の書き方です (内容は架空)。英字新聞では構成を変えます。また、日本の新聞ではよく略される、あることも明記しましょう

 **7** P.052
「ウォークマン」をつくったのはソニー株式会社だが、現在の携帯ステレオ・カセット・プレーヤー市場での最大手は松下電器産業株式会社だ。
▌ポイントを比喩的に書くと、読者にとって印象的になります。これも文章を分かりやすくするテクニックです

課題一覧

課題 8 P.055
世界では毎年、300万人が結核で亡くなっている。
「300万人」という数字の大きさがピンとくるような言い換え表現を書き加えてください。ヒント表現としては、「2001年のビール消費量は東京ドームの10杯分に相当する」

課題 9 P.058
世界では毎年、2万6000人が対人地雷の爆発で死傷している。
この悲劇をピンと感じるように言い換えてください

課題 10 P.061
国会は昨日、「ハッピーマンデー」（一部祝日の月曜日指定化）を導入する祝日法改正案を可決した。
背景知識: この法改正で、2000年から「成人の日」と「体育の日」が、それぞれ各月の第2月曜日になり、土日月の3連休が実現した

課題 11 P.066
日本が生んだ怪獣ヒーロー、ゴジラをハリウッドがリメークした話題の米国映画「GODZILLA」の全国公開が昨日、過去最大規模の385映画館で始まった。
上級課題です。翻訳するのではなく、ジャパンタイムズ記者になったつもりで、記事（冒頭部分）として書いてください

課題 12 P.069
福岡市の雑貨店から昨日朝、「店内が荒らされている」と110番があり、警官10人が駆けつけたところ、2匹の野生のタヌキが大暴れしているのを発見した。タヌキは警官に抵抗したが、2時間後にえさを与えるとおとなしくなり、捕獲された。
事件の特性を生かした書き方を工夫しましょう

課題 13 P.072
今年、ついにあの弱小阪神タイガースが生まれ変わった。
原文にこだわらず、自由に書いてください

課題 14 P.075
「タイタニック」のビデオが月曜日の真夜中直後に発売になり、多くの人々が購入のためにこの時間に外出した。この船が沈没し、スターである1人の登場人物が氷のように冷たい海で死ぬことになるのを、人々は皆知っていたのに。
文を並べ替えると、映画の予告編のようにドラマチックな文にできるかも

 **15** 厚底サンダルって、チョー可愛いカンジ。でもねー、歩くときチョー危険
　▎コギャル言葉です

 **16** おっはー。私はパラパラが大好きな 17 歳です。シドニー・オリンピックで銅メダルをとったけれど、めっちゃ悔し～い。
　▎2000 年の「日本新語・流行語大賞」(自由国民社など主催)受賞語を並べた、
　▎架空の文です

 **17** 『だんご 3 兄弟』が大ブレイクしている。
　▎タンゴ調の童謡です。この歌を知らない外国人にも分かるように、解説しなが
　▎ら書きましょう

 **18** 交際中の女性に「別れたくなかったら援助交際で稼げ」と強要したとして、警察は昨日、東京都内に住む少年 (14) を逮捕した、と発表した。
　▎実話です

 **19** このクラスはたびたび学級崩壊を起こし、いじめもある。
　▎学級崩壊(児童が先生の話を聞かず、授業にならないこと)は新語で、定訳はあ
　▎りません

 **20** 「i モード」は、携帯電話でインターネットに接続できるサービスだ。契約者数が 8 月初めに 1000 万人を突破した。身近な IT 革命だ。
　▎小文字で始まる新語(i-mode)の扱いは、やっかいです

 **21** 彼はレンタカーを借りた。彼女は彼のペンを借りている。さっき彼の携帯電話を借りた。
　▎「借りる = borrow」と単語丸暗記式で覚えた人には難問です

 **22** 宇宙に誰でも行ける時代になった。外国の友達と一緒に月に行ってみたい。
　▎第 2 章にヒントがあります

課題一覧

課題 23 P.108　田中花子さんは特殊法人に勤めている。ある日、給料明細をもらったら，特別減税が2万円あったので大喜びした。
▌「特殊」「特別」は要注意です

課題 24 P.111　私は中学2年生です。今、兄とオーストリアを旅行中です。いろいろな所に行って毎日が新鮮です。
▌思い込みにも注意

課題 25 P.114　宝くじで3億円当たった。と思ったら初夢だった。
▌夢にもいろいろあります

課題 26 P.117　今年は毎週応募したいと思います。
▌文脈: 週刊STの英作文投稿コラム担当者あてに読者が出した年賀状の中の1文

課題 27 P.122　蔵相夫人の田中花子さんは外国人との交際が好きだ。
▌これができれば、ジャパンタイムズ記者になれます

課題 28 P.125　成人の日とは、20歳に達したことを記念して1月の第2月曜日を記念日としたものだ。
▌よかれと思って使った言葉が逆に相手を傷つけてしまう。そんなことになりやすいのが「記念〜」です

課題 29 P.128　公明党は昨日、神崎武法（かんざきたけのり）氏を同党代表にし、浜四津敏子（はまよつとしこ）氏を代表代行に任命した。
▌実話（1999年）です。直訳すると、とんでもないことに

課題 30 P.131　来日した韓国の金大中大統領は昨日、国会で演説し、世界の平和や繁栄といった問題についての日韓協力を呼びかけた。
▌「問題」がポイント

課題 31 P.134　野党の有力政治家が消費税を廃止せよと要求した。首相は「ご要望の件につきましては、難しいと考えております」と答えた。
▌国会でのやりとりです。政治家などが要求に対して「難しい」と返答するときは、どんな意味でしょうか？

P.137

「日本人がわれわれに『イエス』と言うときは、それはたびたびノーを意味している」と米国のビル・クリントン大統領は1993年4月にロシアのボリス・エリツィン大統領に語ったそうだ。

▎クリントン大統領が、来日を控えたボリス・エリツィン大統領にしたとされるアドバイスです。会談の席に随員が残したメモをもとに報道されました

P.140

「ハイ…ハイ…それについては難しいですね」「ああそう…。コショウをとってくれる?」「ハイ、どうぞ」「葉巻を吸ってもかまわない?」「ハイ、どうぞ」

▎米大統領と食事をとりながら会談をしてください。冒頭のハイは相づち。大統領は mind を使いました

P.148

シンデレラは王子様と月曜日午前0時に渋谷のハチ公前で会う約束をしました。

▎シンデレラは Cinderella、午前0時は midnight と言えます。遅刻しないで!

P.151

彼女は壁の時計を見た。午後0時35分だった。「さっき目が覚めたの。今そちらへ行きます」と電話で彼に言った。

▎デートの約束を忘れていた人が慌てて自宅から電話している情景です

P.154

最近君に会ってないな。今度の日曜日に会おうよ。一緒に食事をしよう。

▎電話で話しているところです。今度こそ会えるといいですね

P.157

彼氏と昨日、隅田川で釣りをした。今日は東京・日本橋にある日本橋の上から釣りをした。明日は伊豆大島に遊びに行く。

▎これは彼氏と釣りを毎日している女性の日記。大島へは日帰り旅行です

P.160

日本社会の高齢化が進み、100歳以上の日本人の数が昨日、1万人の大台を越えた。一方、15歳未満の人口は減少しつつある。

▎「以上」「未満」の意味は?

課題一覧

課題 39 P.166
『アルファベットの歌』には、読んだり書いたりするために必要なすべての字がそろっている。
　"A - B - C - D .." で始まる有名な歌です。『キラキラ星』とメロディーが同じです

課題 40 P.170
メアリーとアンは、同じ年の同じ月の同じ日の同じ時間に同じ母のもとに生まれた2人の娘です。でも双子ではありません。どうしてでしょう？
　なぞなぞとして書いてください。答えも考えましょう

課題 41 P.174
夏風邪をひきました。うちの会社ではやっています。
　「夏風邪」の冠詞は a、an、the、それとも無冠詞なのか、深く考えましょう

課題 42 P.178
スキャンダルに揺れる ABC 自動車の社長は昨日の記者会見で、「会長は辞任するのか」と聞かれた。社長は「会長はいろいろ考えています」と答えた。
　英字新聞に記事を書くとしたらこれをどう書きますか？ 訳すのではなく、記者になったつもりで書いてください

INTRODUCTION 英語で書くコツ

　よい英文を書く指針は**「難しいこともやさしい表現で書く、文章は短く切る、ズバリ結論から書く」**ことです。現代英語では**「分かりやすく書く」**ことがとても大切です。

　私はジャパンタイムズに入社してからの3か月間、当時の編集局長から直接、記事の書き方や取材のコツを教わり、書いた記事を添削してもらいました。また先輩記者たちからも貴重なアドバイスを受けました。のちに自分が教える側に回り、新人の記事を添削し、アドバイスをし、質問を受ける立場になりましたが、こういった「記事の書き方」が伝授されるのは昔も今も一対一の添削が基本です。現在でも、新人記者は記事を書き上げると先輩の横に座り、記事を目の前で添削してもらい、アドバイスを受け、質問をして、少しずつ力をつけていきます。伝授されるのは、書く際の心構えから定番表現、勉強法に至るまで多岐にわたります。本書はジャパンタイムズでの新人研修を英語学習者用に再現して、同様に構成されています。

英語で書くコツ 10 か条

　最初の5か条は英語に限らず、現代実用文章の書き方に共通するコツです。

1　シンプルに書く
　　やさしい文を心がけるとミスが減り、論旨は明解になる。

2　最初に結論を書く
　　もったいぶらずに、ズバリ要点から書くと読者に親切。

3　短いセンテンスで書く
　　1つの文には1つのことしか書かない。

4　具体的に書く
抽象的な表現が多いと分かりにくい悪文に。
5　どんどん書く
書けば書くほど、表現の細部にまで神経が研ぎ澄まされて上達する。

　次の5か条は、日本語原文をもとに英文を作成するとき（和文英訳）の心得です。
6　まず和文「和」訳
原文では省略されている事柄を明らかにする。英訳は原文の2倍くらいの長さになるのが普通。
7　辞書類を活用
和英辞典で調べた語句はそのまま使うのでなく、英英辞典などでチェック。
8　自信が持てない語句は使わない
あやふやな知識のまま使うことは避け、やさしい表現に言い換える。
9　英語の基礎は固めておく
社会人は冠詞の使い方や構文などを忘れているので、基礎を総復習しておくと、文の組み立てが容易になる。
10　書くときも「英語で考える」
読むとき同様、これが英語の極意。自分の英文がどんな意味になるのか、が正確に分かるようになればミスは激減。「英語で考える」ための勉強法は「やさしくたくさん」をモットーに。

● ● ● ● ●

最高奥義は KISS ：シンプルに書く

　ジャパンタイムズに入った新人記者が最初に先輩から教わる「書き方の最高奥義」は、
Keep it simple.（シンプルに書け、分かりやすく書け）
です。英文記者の修行はこれに始まり、これに終わります。うまく書くコツはじつは「カンタン」です。

　Keep it simple. は有名な原則で、英語圏の大学のジャーナリズム学部や新聞社では KISS として知られています。入社したての新人記者が分かりにくい記事を提出するとデスクに "Keep it simple, stupid!"（アホ、もっとカンタンに書け）と言われてしまいます。この略語が KISS で、覚え

やすいために広まりました。KISS は先に掲げた、英語で書くコツ 10 か条の第 1 条であり、さらに「最初に結論を」「短いセンテンスで」「具体的な語句で」といったコツにもつながる大指針です。

　記者は取材を重ねるうちに高度な内容の記事も書くようになりますが、高度で難しいまま書くと一般読者には分かりにくく、そっぽを向かれてしまいます。新聞は子供を含む家族全員に読まれる媒体であり、少なくとも中学生なら分かるようにやさしい語句と文法で書くのが原則です。そこで多くの新聞は「中学生（あるいは高校生）にも分かるように書く」という方針で作られています。日本人は英字新聞を見ると、大きな紙に英語がびっしり書いてあるために難解な印象を持つようですが、じつは英字新聞は雑誌や小説よりもやさしい文体で書かれています。

　新聞記者で大切なのは「やさしいことはもちろんやさしく書く。難しいことは噛み砕いてやさしく書き直す。難しい単語を知っていても、それを使いたい気持ちを抑えてわざとやさしく書く」こととされています。そうすれば読者は難解なニュースもサッと理解できます。

　たとえば、in the foreseeable future（予見できる未来において）というカッコよさそうな表現を知っていても、それを使いたい気持ちを抑え、単に soon と書きます。多くの文脈において in the foreseeable future と soon は同じ意味です。同じ意味であれば、できるだけ短くて分かりやすい語句を選んで書きます。

● ● ● ● ●

英作文とは違う「親切な英語」

　学校で勉強する英作文は、正しい英語を習得することを目的にしています。新しく習った熟語の練習などを目的としているため正解は 1 つと決まっていて、また、英文が分かりやすいかどうかは採点にあまり関係しません。正しいことが優先します。また大学受験の問題は、受験生を振り落とすことが目的なので、わざと分かりにくい難解な表現が使われます。

　実社会での英文は基準が違います。正解というものはなく、どんな表現であれ**正確に情報を伝達し、読者（相手）にとって読みやすく役に立つ文であるかどうか**が問われます。これからの発信時代には、英文記事であれ、海外の会社への電子メールであれ、自分のホームページに載せる英文であれ、はたまた英会話であっても、親切な英語（相手にとって分

かりやすい英語）こそが必要です。

　「私もいつか、インターネットを通して世界の人たちといろいろな問題について語り合ったりしたいです。そのためにも英語がんばります」（週刊 ST 読者の静岡県・田中久代さん。『これであなたも英文記者』課題に応募を続けている）

現代英語はやさしく自然

次の文を英語にしてください。

> 「あの時点において、多くの個人の脳裏に浮かんだのは、富士山の噴火が近い将来に発生する蓋然性は高いということであった」

　英文を書く場合、原文（日本語）をもとに書く場合も多いでしょう。原文が複雑な構文であっても、またそれに見合う複雑な表現や難解な単語を知っていても、意識して平易に書きましょう。
　課題が大学入試問題だとすると、こんな答案なら合格でしょう。

"At that point in time, what occurred to the minds of many individuals was that it was highly probable that an eruption of Mt. Fuji would occur sometime in the near future."

　これは原文に忠実な訳で、入試ではこう書かなくてはなりません。しかし実社会では、このような複雑な表現が次々と出てくる文章に出合った人はどう反応するでしょうか。
　一部の人は格調高い知的な文章だと思うかもしれませんが（本当は悪文）、大多数の人は嫌気がさし、読むのをやめてしまうでしょう。この文1つならともかく、こんな文がえんえんと続く書類を渡されたら、仕事で読まなくてはならない場合でも、はしょってしまいたくなります。またインターネットをサーフィンしている人が、こんな文が続くホームページを見かけたら、迷わず無視して他のページに飛んでしまうでしょう。
　結局、そっぽを向かれ読んでもらえなかったとしたら、これらの文は「情報を伝える」という目的を果たすことができなかったことになります。正しくても役に立たない文章と言えそうです。
　課題の文をもっとカンタンに書き換え、より多くの人に読んでもらえる文にしてみましょう。たとえば、

"At that time, many people thought Mt. Fuji would probably erupt soon."

とします。これならば、多くの人たちが読む気になるでしょう。この例のように、カンタンな文章は書きやすく、読みやすく、役に立つ親切な文です。カンタンを目指すことには、このように深い意味があります。そのために多くの新聞社では KISS が強調されているのです。

「結論から先に書く」は一大発明

ジャパンタイムズに新人記者（日本人の場合）が配属されると通常、デスクから「まず力試しに、これを英語の記事にしてね」と 1 枚の紙を渡されます。共同通信社から配信になった日本語のニュース記事です。これを数時間で書き上げて提出します。

米国の大学などでジャーナリズムを専攻した人を除いて、たいていの人は日本風の起承転結で書いてしまいます。そこでデスクが新聞制作用コンピュータの画面上で書き直してみせ、新人さんは横に座って指導を受けます。

数年前、ある新人が、やはり入社初日に日本語ニュースを渡されました。待つこと 2 時間、彼女は原稿を提出しましたが、担当デスクはギョッとした様子。私にその原稿を見せました。

それは日本語の原文を一字一句正確に訳したものだったのです。素晴らしい英語で、彼女がネイティブ（帰国子女）であることは一目で分かりました。パーフェクトな翻訳でしたが、文章全体として複雑で、不親切で使えない英文でした。

冒頭で示した、使える英文を書く指針、「難しいこともやさしい表現で書く、文章は短く切る、ズバリ結論から書く」を逆にすると、悪文を書くコツとなります。すなわち、「やさしいことも難しい表現で書く、文章はできるだけ長く、結論は最後まで秘密に」。昔の文芸作品などは、格調高くするためにこの要領で書かれていました。

しかし、米国の作家、アーネスト・ヘミングウェイなどの影響で、現代小説は美辞麗句が減り、かなり読みやすくなりました。ヘミングウェイは新聞記者出身で、新聞のように短い文章で書き、1954 年にノーベル文学賞を受賞しました。

文芸作品の場合には、現代においても主流は複雑な構文を駆使し長くて流麗な表現を使った文体です。しかし一般の人が書く実用文、企業間電子メール、そして新聞などの場合は、「分かりやすさ」がすべてに優先

します。

　日本では文章構成のコツは長い間、「起承転結」（漢詩の作詩法から発展した構成法で、最後に結論を置く）でした。しかしこの構成で英語を書くと、ストレートな表現に慣れた英米人はイライラしてしまい、誤解することさえあります。日本においても、現代人はとても忙しくなり、「結論から書く」式の文章が広まりつつあります。

　現代の新聞文体は、19世紀末に「結論を先に書く」という手法がニューヨークタイムズによって開発され、その後AP通信社などにより改善されてきたものです。それ以前の記事はすべて、出来事の進展の順を追って、いわば物語的に書かれていました。ちなみに、「**見出し**」（記事を1行で要約したもの）も米国で開発されたものです。現代ではジャーナリズムの世界以外でも「分かりやすい文章」が主流になり、米国ではビジネス文書の模範としてジャーナリズムの文体が使われるようになっています。

　文章ではまず結論や要約を述べ、それから詳細に入りましょう。新聞ではこの書き方は「**逆ピラミッド構造**」と呼ばれ、ほとんどのニュース記事はこれで書かれています。

　ちなみに、ニュースの核心を浮き彫りにするエピソードから書き始めるという構造もありますが、高度な書き方であり初心者向けではありません。この構造においてもエピソードの直後に結論を書いてしまうのがルールです。

● ● ● ● ●

短い文に分割すると書きやすく、読みやすい

　初心者は、長文はどんどん分割してから訳すのがコツです。分割すると翻訳の難易度がぐんと下がり、出来上がった文章も読みやすくなります。とくに**日本人が苦手な関係詞を使って訳さなくてはならない長文の場合、分割は劇的な効果があります**。

　週刊ST読者の大阪府・花井康子さんの質問：「（課題の）文章を1文でまとめてしまうべきか、それとも2文に分けて訳すべきか悩みました。まとめたほうがよい場合と、分けたほうが分かりやすい場合の見分け方をぜひ教えてください」

　文章分割のルールは、

one idea to one sentence（1つの文には1つのことだけを書く）です。課題を読んでみて、1つの文章に2つの事柄が書いてあると思ったら、2つの文に分ければ構造がシンプルになり、比較的楽に訳せます。

新聞記者にとっても one idea to one sentence や one idea to one paragraph（1段落には1つのことしか書かない）は読みやすい文章を書く指針となっています。

ただし、以上は原則です。実際にはリズム・文章の流れなどの関係で、1つの文章に2つの事柄を書いたほうが自然に見える場合もたくさんあります。また、あまりに短い文ばかりだと単調になるため、長めの文も適宜ミックスすると、記事は読みやすくなります。

テレビ・ラジオの放送英語ではとくに、短い文章を使います。耳で聞いて理解しやすいためです。新聞英語では通常、**1段落に25語前後を超えないことが読みやすさの指標**とされます。明快さよりも格調高く表現することに重点を置く場合（新聞の論説記事など）は長い文にしますが、接続詞や表現の使い方に高度なテクニックが必要です。

背伸びせずに「簡訳」を

次の文を英語にしてください。

> 課題1：「彼には多摩地区に居住用所有不動産がある」
> 課題2：「数学的素養は貴重な学習経験と考えられている」

日本語と英語は構造が根本的に違います。格調高い日本文の複雑な構造をそのまま直訳すると、多くの場合、構文はつぎはぎになり、原文よりさらに複雑、そして不自然になってしまいます。こういうときは意訳するのが普通です。

意訳でも原文同様に格調高く訳すのは至難です。また、和英辞典や表現辞典から表現をコピーして書き、パーツの1つひとつは正しく仕上げたからと言って、文章全体としてよいとは限りません。

現代では、格調高い英文を書くのはむしろ逆効果なことが多いようです。世界がすごいスピードで変化していき、人びとの生活は仕事に遊びにと多忙になる一方です。**こんな時代に求められているのは、文のカッコよさよりも分かりやすさ。やさしい表現を使い、読んでサッと理解できる、役に立つ親切な英文です。**

一般の方は**原文の外見にとらわれず、その文が伝えようとしている意味をよく考え**、それだけを伝えれば十分です（プロの翻訳家が文学作品を忠実に訳そうとする場合は例外です）。**平易な語句と短文を組み合わせて表現したほうが、ミスも減ります**。これは直訳でも意訳でも超訳でもない、「簡訳」と言えましょうか。

　課題 1 の正しい訳としては、

　He owns a residential real estate holding in the Tama area.

とできます。しかしこの文の意味するところを簡訳して、

　He owns a house in Tama.

としたほうが、一般の読者にとっては親切ではないでしょうか。

　課題 2 を正確に訳すと、

　Mathematics skills are considered a valuable learning experience.

となりますが、これは、

　People can learn much from mathematics.

としても同様な意味で、ずっと分かりやすくなります。

　分かりやすい表現にするためには、

○ 難解で長い熟語より、**短い単語**を使ってパッと表現
○ できるだけ否定形を避け、**肯定形**に言い換えて表現
○ **専門語は避ける**か、意味を平易な表現で説明しながら使う

　また、分かりやすいだけでなく、「うまい」英語を追求したい場合（上級テクニック）は、

○ 言わんとする意味に**ピタリはまる動詞**を選択すると文が引き締まる
○ 受動態はできるだけ使わず、**能動態**を使うとパンチが効く
○ 抽象的なことは、**例やたとえ**を使って、具体的に説明する

といったコツがあります。

● ● ● ● ●

うまくなるにはとにかく書く

　書けるようになるには、とにかくどんどん書くことです。書くことによってそれまでは意識しなかった文の細部にまで注意が行き渡るようになり、自分の弱点が自覚でき、文章構成力が成長します。本書では課題のあと、すぐ解説が続いていますが、必ず自分できっちり書いてみて、問題意識が高まってから読んでください。自分では書かないで解説だけを読むのでは力がつきません。学生が数学の問題を自力で解こうとせず

に、すぐ解答を見てしまったら、実力はつかないでしょう。英語でも同じです。

「いつも読んでいるだけで、自分で考えようとしなかったのですが、今回実際に書いてみると、同じ日本語でもいろいろな表現のしかたがあることを実感しました」(千葉県・木村桃子さん)

悩んでこそ脳は育ちます。悩むことによって、英語に関して脳に回路を作る (wire the brain) 過程が進み、英語脳が育ちます。どんどん頭を悩ませてください。

この本の課題は、初心者の方が挑戦しても上級者の方が取り組んでも得るものが何かあるよう工夫して作ってあります。初心者の方も「英作文なんて、まだ力が足りないからとてもとても」と思わずに取り組んでください。**苦手な方は辞書を引いて単語だけでも並べましょう。**

「解説を読んでいるときは、うん！うん！とうなずくのですが、なかなか身につきません。何回も英作文の練習をすることが必要だと感じています」(千葉県・落合正子さん)

書くことによって、注意力が高まります。「うまく書けなくても、よく考えるのでいろいろ発見があります」(和歌山県・瀬戸美恵さん)。「近頃、a と the の使い方に、とても神経を使えるようになりました。間違いも多いのですが、まったく冠詞をつけなかった頃よりずっとよいと思います！」(東京都・飯島葉さん)

・・・・・

やさしいことはとても大切

実際に作品に取り組んでみると、「一見簡単そうですが、どう表現したらいいのか、難しかったです」(東京都・河野弘子さん) という感想を持たれるようです。課題にはジャパンタイムズ記者たちが蓄積してきたノウハウが込められ、一生役に立つ英語力がつくように設計されています。**やさしそうな課題が多いのは、やさしいことほど大切だからです。**

英語の力は、積み木のように積み重ね型技能と言えます。基礎をマスターしないうちに上級に進んでも崩れてしまいます。また、やさしいことほど実際の使用頻度が高く応用がききますから、これから何度も役に立ちます (高度な表現を覚えても使う機会は少ない)。

そして「見かけがやさしい課題ほど、かえっていろいろな表現ができるので、単語を吟味したりして、てこずってしまう」(東京都・岩崎友美

さん）という性質があります。ありとあらゆる表現の可能性の狭間で迷い、ベストの表現を探して頭はフル回転、1つの課題をやるだけでも脳の中に表現の神経回路がいくつも伸びていきます。

最後まで推こうするのもコツ

　よい文を書き、力を伸ばすコツの1つは、何度でも推こうすることです。**推こうという試行錯誤によって1歩ずつ力が**ついていきます。ギリギリまで粘って考えましょう。「何度も下書きして考えているのに、最後の清書でまた直す自分が嫌です」（北海道・安井久美子さん）。私はこのように努力を重ねてくださる方が好きです。

　このプロセスはつらいですが、やがてスポーツの汗のように爽快なものへと変化し、英語が好きになります。「考えるほどに、混乱していく‼ でもそれもまた楽しくなってきた最近です」（埼玉県・高田香家子さん）

　書いたあとは**解説を読んで自分の作品を分析**してください。「自分の作品に誤りがあるとは思っていなかっただけに（実力に自信があるわけではないのですが、辞書を頼りに作成したので、そういう意味で誤りがあるとは思わなかった）、あまりの誤りの多さに驚いてしまいました」（神奈川県・林弘子さん）

うまく訳すコツ

　次に和文英訳のコツを見てみましょう。英訳には、次のような手順をたどるのがよいでしょう。

○ 和文和訳: 原文の意味をよく理解する。必要ならば**国語辞典を引き、表現をやさしい日本語に言い換える**。たとえば、銀行の「頭取」とは何でしょうか（普通の会社でいう「社長」のこと）。また、スーパーのレジで見かける掲示の「1万円の両替はできません」の真意は何でしょうか（両替は不可能だと言っているのではなく、「お断りします」の意）。

○ 原文では**省略されていることを補う**。日本語は主語などの省略が自由自在にできる言語。また含蓄の多い表現が豊富で、「言わずもがな」省略がたくさんある。それらを説明しながら英訳する。たとえば「（懸賞に）応募する」とは「クイズの答えを書いて郵送する」など。名詞については冠詞のあるなし、単数か複数かにも注意。

○ 分からない単語、不確かな単語を和英辞典で調べる。その単語を**さらに**

英英辞典などでチェックし、文中での使われ方、ニュアンスを調べる。
- **文脈**を考えて訳す。たとえば「お湯」は和英辞典では boiled water だが、「(お風呂の) お湯」は、そうは言えない。お風呂に boiled water (沸騰させた水) が入っていたら、やけどしてしまう。
- 知らない単語、調べたがよく分からなかった単語を不用意に使わない。**カッコよく訳そうとして難しい単語を使うと失敗する**ことにもなる。うまく訳せない場合は中学単語など、自信の持てる単語でやさしく言い換えたほうが正確に意味が伝わりやすい。
- カタカナ語は必ず辞書で意味を確認してから使う。**カタカナ語と英語はすべて意味が食い違う**と思ったほうがよい。例:「カメラマン」と cameraman。英語ではテレビ局のビデオカメラ撮影者を指す。日本語の「カメラマン」は photographer。
- 書き上がった作品が、**英語としてどんな意味になるか**を考える。「英語で考える」姿勢ができていれば、この段階で重大な誤訳は防げる。例: borrow の訳は「借りる」なので、「トイレを借りる」を borrow the bathroom と訳してしまうかもしれない。しかし普段から、直読直解で英語に接していれば、borrow がこのような「(トイレを) 借りる」場面で使われることはないため、自分が書いた文を読めば「どこか変だな」と気がつくはず。➡ 正解は use the bathroom で、borrow は「本を借りる」など「借りて自分の所へ持って行く」ことを指す。

「やさしくたくさん」

「(課題を見て) 最初、『簡単簡単!』と思いましたが、作っているうちにかなり悩みました」(神奈川県・下村貴則さん)

英語で書いてみて、さまざまな困難にぶつかると、人は謙虚になります。

「正しくなくても通じればよいと開き直って英語を使ってきましたが、この投稿を続けてみて、あまりにひどいことが分かったので、改めて勉強することにしました」(埼玉県・寺前裕子さん)

英単語の訳語を何千何万暗記しても、正しく書く力はつきません。書く力をつけるには、次のことが必要になります。

- **英語の基礎 (冠詞、構文など) を固める**。とくに社会人 (英語を職業とされている方以外) は英文を「訳す」ことはできても、基礎は忘れて

しまっている人が多いので、いったんゼロから中学英語を総復習しましょう。「急がば回れ」です。すると、文のパーツを組み立てることが容易になります。
○ 本書のような教本で、**英語を書くための要点**を学ぶ。
○ 英語を**どんどん書く**。
○ 英語に**どんどん接する**。とくに、英単語や熟語の正しい意味をつかむために、やさしい英語をたくさん聞いたり読んだりする。

　この「やさしくたくさん」は「英語で考える」ことができるようになるために私がお勧めする勉強法です。英語習得の奥義は「英語で考える」ですが、抽象的で、いったいどうすればよいのかが分かりにくいので、具体的勉強法である「やさしくたくさん」をお勧めします。まずは教材の**レベルを中学英語に下げ、いちいち訳さなくても分かる程度の英文を、決して「訳さずに」大量に（あるいは繰り返し）聞き、読みましょう**。理解力が上がるにつれ、だんだんとレベルを上げて行きます。

　これに対して上級教材での学習では、訳してみないと理解できない単語が多すぎるため、「英語で考える」力は育ちません。難しい本を辞書を引きつつ1ページ訳す時間があるならば、同じ時間を使って辞書を引く必要がないやさしい読み物を10ページ読むほうが、はるかに力がつきます。

Chapter 1

まずは基本
冠詞特集

課題 1

昔、美しい3人の娘を持つ王様がいました。長女は隣国の王と結婚しました。次女は敵国の王子と結婚しました。三女は銀行の頭取になりました。そしてみんな幸せに暮らしました。

冠詞 a、an、the を使い分ける練習です。隣国はこの国しか存在せず、敵国はほかにもあり、この敵国にはほかにも王子がいると仮定して冠詞を決定してください

小学6年生によるリズム感ある佳作

Once upon a time, there was a king who had three daughters. His oldest daughter married the king of the next country. His younger daughter married a prince of an enemy country. His youngest daughter became a bank president. And all lived happily.

——— 濱中郁子さん（大阪府）の作品

ポイント

- ▼ **不定**冠詞 a ＝ **不特定**な「ある1つの」（初登場、未知など）
- ▼ **定**冠詞 the ＝ 相手にも**特定**できるもの（前出、既知、唯一など）

● ● ● ● ● ●

冠詞はハッキリした文を作るスパイス

「冠詞の使い方ってほんとうに難しいですね。私は英語を話すとき、冠詞の使い方を間違えたり、落としたりします。それでネイティブの方に『君の英語は、塩味の抜けたシチュウのようだ』と言われたことがあります」（愛知県・中村智子さん）

英語は特定(the)・不特定(a, an)をハッキリさせる言語です。the の意味

は「さきほど述べた〜、誰でも知っている、〜この世に1つしかない」など。この反対が a、an（複数ならば無冠詞にする）。the は日本語に存在しない、日本人にとって異質な概念（特定感）です。

　冠詞の考え方を説明するために、課題をふくらませ劇に置き換えて説明します。世界に王様は多数いるが、昔あるところに、観客（読者）の皆さんは知らない、**ある1人の王様**<不特定、**a** king> がいた（劇であればこの時点で王が**舞台に登場、その顔にスポットライトが当たり、その瞬間に観客の意識のなかで既知**の王様 **the** king となる）。この王様には、皆さんは知らない娘さんたち <不特定かつ複数なので無冠詞、daughters> が3人いた（ここで舞台に輝くばかりの A、B、C が登場、この瞬間からは彼女たちは観客にとって**既知**の存在 **the** daughters となる）。この3人で一番年上の娘 <つまり A さんと**特定できる**ので **the** oldest daughter> は、この国にとって**唯一の**隣国 <**the** neighboring country> の王 <1つの国に王は**1人しかいないので特定可能**な人物、つまり **the** king of **the** neighboring country> と結婚した。二番目の娘 <B さんと**特定**できるので **the** second daughter> は、周囲にいくつかある敵国のなかの**ある1つの**国 <**an** enemy country> の、（その国で）何人かいる王子たちのうちの、**ある1人** <**a** prince> と結婚した。一番若い三女 <C さんと**特定**できるので **the** youngest daughter> は、**ある**銀行 <**a** bank> の頭取 <**the** president of **a** bank、どんな銀行にも頭取は1人しかいないので、この書き方の場合は**特定**できる> になった…。

　濱中作品は読みやすくリズム感があり、昔話にふさわしい作品で、冠詞もすべて正解。「美しい」を訳し忘れたので、最後の詰めが甘かったようです。「隣国」として the next country（濱中作品）とありますが、next は行列で並んでいるときの「次」という感じで不自然。➡ the neighboring country とします。

　beautiful は心が興奮する美しさ。pretty は「少しだけ beautiful」。「美しい3人の娘」は英語では順序が逆になって、「3人の美しい娘」（three beautiful daughters）とするのが自然です。

　there was a king with three beautiful daughters と書くと、王様が娘たちを腰にぶら下げて携帯（with）している感じに聞こえます。また、there was a king having three beautiful daughters（新潟県・泉田亮平さん）は出産中（having）という感じです。

who の前のコンマは「ちなみに」

　第 1 文は Long ago, there lived a king who had three beautiful daughters. なども可能。ただしよく似ている Long ago, there lived a king**,** who had three beautiful daughters.（兵庫県・白神明子さん）は課題の文脈とはニュアンスが違います（「昔、王様がいて、ちなみにささいなことだが美しい娘が 3 人いた」）。関係代名詞の前にコンマをつけると（関係代名詞の非制限用法）、コンマは「ちなみに**重要ではないが補足説明**すると以下のとおりです」という意味で機能します。コンマ以下はささいな事柄で、**削除しても支障が出ない場合に使う**ものです。ところが Long ago, there lived a king. で切り離してみると、この課題において主人公である王女たちが消滅してしまいます。

　重要な情報はコンマなしで who につなげます。これは「制限用法」と呼ばれますが、who 以前を「制限してしまう」ほど重要な事項については一体として扱い、コンマで切り離してはならないのです。

　「長女」は the oldest（または eldest）daughter や his oldest daughter が普通。the first daughter と言っても結構です。「次女」は文脈から the second one や the middle child とも言えます。「三女」は末っ子なので the youngest (daughter)。

　「〜と結婚する」は marry someone がシンプル。get married to someone も可能です（with ではなく to を使うのが普通）。

冠詞をていねいに訳したモデル訳

　Once upon a time, there was a king who had three beautiful daughters. The eldest daughter married the king of the neighboring country. The second one married a prince of an enemy nation. The youngest became the president of a bank. And they all lived happily ever after.

昔むかし、おじいさんとおばあさんがいました。おじいさんは川へ釣りに行きました。おばあさんは山へスキーに行きました。

助詞「〜が」と「〜は」を訳し分けることができれば上級者です

ありがちな日本英語の例

Once upon a time, there were an old man and an old woman. The old man went fishing to a river. The old woman went skiing to a mountain.

——— 瀧本治子さん（千葉県）の作品

ポイント

▼ 助詞の「〜が」＝ a（不特定、新情報）
▼ 助詞の「〜は」＝ the（特定、旧情報）

助詞「〜が」「〜は」は冠詞 a、an、the に対応

「桃太郎（The Peach Boy）の冒頭の部分のパロディーですね。おばあさんの『山へスキーに行く』には思わず笑ってしまいました」（茨城県・石上喜美恵さんのコメント）

主語を示す助詞「（おばあさん）が」と「（おじいさん）は」は似ていますが役割が違います。多くの場合、「〜が」が a、an に対応します。「〜は」は the という意味です。「〜が」は初めて登場する不特定（「ある〜」）の主語（ある 1 人のおばあさんがいました）、につけることが多いので、不定冠詞 a、an（主語が複数ならば無冠詞）。「〜は」は 2 度めの登場など既知感・特定感がある人（そのおじいさんは）などに使うので

定冠詞 the です。**これらの助詞は英語の冠詞に対応**するわけです。

　北海道・沼岡正子さん（日本語教師志望）はこうコメントしています。「"が"と"は"の違いの１つに、"が"→新情報、"は"→旧情報があります。意識して使っていないのに言葉を使い分けているから不思議です」

　課題テーマで「が」「は」を入れ替えてみると変です。「昔むかし、おじいさんとおばあさん**は**いました。おじいさん**が**川へ釣りに行きました。おばあさん**が**山へスキーに行きました」

　東京都・秋山さえ子作品は Long ago, there were **the** old man and **the** old woman. で、これは上記の「昔、おじいさんとおばあさん**は**いました」に相当します。登場時点では、読者にとって知らない人たち（不特定）なので、**an** old man and **an** old woman が正解です。

● ● ● ● ●

「おじいさん」の２つの意味

　「おじいさんとおばあさん」を長崎県・溝口透馬さんなど多くの方は、a grandfather and a grandmother と解釈しました。「おじいさん」（おばあさんも）には２つの意味があります。(1)「お祖父さん」(a grandfather、孫がいる男性)、そして (2)「お爺さん」(an old man)。ここでは**文脈（孫がいるかどうかは書いていない）**から、(2) と解釈するのが無難。ちなみに「桃太郎」物語の場合では、孫も子供もいなかった（らしい）夫婦に子供ができた話であるため (2) です。grandfather と訳してしまうと、桃太郎君の大切さが読者に伝わりにくくなります。

　お爺さんは an elderly man でも結構。これは「年配の方」というていねいな言い方です。

　なお、日本語は含みが多く、「おじいさんとおばあさん」は夫婦を連想します。英語の an old man and an old woman には、そのようなニュアンスはありません。夫婦であればはっきり an old couple と書くでしょう。また老夫婦を an old man and woman とする書き方（an old man and an old woman を略して一心同体を強調）も可能です。

　there is 構文について一言。there **were** an old man and an old woman ではなく、there **was** an old man and an old woman を自然と考えるネイティブが多いようです。最初に出てくる an old man のみを見て感覚的に単複を判断するためです。

川「へ」釣りに行く

瀧本作品の went fishing **to** a river と went skiing **to** a mountain は「釣りをしながら川まで（行った）」「スキーをしながら山まで（行った）」と、奇妙な意味になってしまいます。

「川へ釣りに行く」は go fishing **in** the river、「山へスキーに行く」は go skiing **in** the mountains ならば正解。go to the river to fish や go to the mountains to ski なども可能。なお、海・山・月・太陽など、**自然のものには特定感が漂い、the** がよく使われます。

go fishing、go skiing などは慣用的に2語でも1語として感じ、go には「行く」という意味が希薄になりました。go fishing 全体で「釣りをする」、go skiing 全体で「スキーをする」。go fishing in the river は「川に釣り糸を垂れて釣る」。魚を捕まえる（fish）行為は川の水の中で（in）行われるために in が自然。状況によっては ... by a river（ある川のほとりで釣る）といった表現も可能です。

go skiing in the mountain**s** は、「複数の山でスキー」をするというわけではなく、「その山々」全体を1つのエリア（たとえば日本アルプス the Japan Alps）として認識、そのエリア内のどこかでスキーをしたという感じです。

昔話での「昔むかし…」には Once upon a time や Long, long ago や A long time ago といった表現もあります。

デル訳

Once upon a time, there lived an old man and an old woman. The man went fishing in the river. The woman went skiing in the mountains.

東京の駅で昨日、酒に酔った男性が線路に転落した。再発を防止しなくてはならない。

「東京の駅」「東京駅」「東京のその駅」を区別できますか？

上級構文力があるが冠詞は苦手な例

Yesterday, a man who got drunk fell from the platform to the railroad track in the subway station in Tokyo. Safety measures to prevent reoccurrence of such accident have to be provided at each station.

——— 豊嶋松二さん（愛知県）の作品

ポイント

▼「東京の駅」=「東京の（ある**不特定**な）駅」➡ **不定**冠詞 a
▼「再発を防止」= prevent recurrences

・・・・・

冠詞が苦手な人は迷子になる？

「東京の駅で」を他の駅と誤訳して迷子（？）になりやすいので注意。正解は at **a** train station in Tokyo のように a を使ったもの。「東京の駅」という日本語を解釈すると「東京都内に多数ある駅のうちの、ある１つの駅（**相手にとって不特定**）」なので、不定冠詞 a をつけ a station となります。a をつけることにより、「初めてこの駅の話をあなたにします。これはあなたがどれとはまだご存じない、**ある駅の話です**」という意味になります。

　at a train station in Tokyo は、略して at a station in Tokyo でも十分（文脈から train が省略できる。課題では直後に「線路」が登場して、ここでの station とは train station であることが自明なため）。さらにすっきり at a Tokyo station とするとカッコよくなります（文法的説明としては、Tokyo は名詞だが、それを形容詞＜東京の、東京にある＞に転用して他の名詞を修飾させる現代英語用法）。

　あわてて「東京駅」に行ってしまった例は、at Tokyo Station（徳島県・市原健次さんなど）。S も**大文字で書けば、固有名詞**になってしまいます。多くの固有名詞は大文字であることによって特定感がすでにあるため、the（特定感を与える冠詞、定冠詞）は不要です。Tokyo Station という字を見れば、あの赤レンガの駅（特定の駅）が脳裏に浮かぶため、the の出番はありません。ただし例外も多く、固有名詞でも普通名詞と紛らわしいものなどには the をつけます。

　定冠詞 the は、特定のものを指し、最もよく使う意味は「前出の〜」。at **the** station in Tokyo（「東京の**その**駅で」、神奈川県・高木裕之さんほか多数）と書いた場合、the は「さっき話したアレ、あの駅のことだよ」というシグナルを相手に送ります。課題ではこの「東京の駅」がどの駅であるかは特定されていないので the は使えません。

　このように**初出（初登場）のものには a** を使います。もし直前にどこかの駅名（たとえば「新大久保駅」）が登場する場合には、the station が正解になります。

●●●●●

酔った人にもいろいろ

　豊嶋作品の勘違いなどを直すと➡ A drunken man fell from the platform at a Tokyo station yesterday. Measures to prevent recurrences must be introduced at each station.

　「酒に酔った男性」は a drunk man や a drunken man がシンプルな表現。豊嶋作品の a man who got drunk ... in the ... station は「駅の中で（飲んだ結果）酒に酔った男」という意味。a drunk（「酔っ払い」、広島県・三上修平さん）は a drunken person のことで、女性も含むので誤訳。

　「線路に転落した」は fell onto the tracks（分解して解釈すると「線路に fell to した結果、線路の上＜on＞に移動した状態になった」）など。fell off the platform や fell from the platform と表現しても正解。これらでは the を使うのが自然。駅自体は a station（ある駅）であっても、その線路については何番線の線路というふうに落ちた所は決まっている（特定感

がある）から、と考えることができます。

　fell to the line（大阪府・新藤初子さんなどが類似例）のように、fell to ～（～へ向けて落下した）と書くとかなり高い距離から落下した感じで、その時点で大ケガをしています。fell into rails（愛知県・中根務さん）は想像を絶します（fell into water という表現を考えてみてください。水の中には落ちることができますが、レールの鉄の中にのめりこむのは…）。

　「再発を防止」は通常は prevent recurrences などを使います。課題では主語がないので、受動態にしてしまえば主語を誰にするかで悩まなくてすみます。訳例: Something must be done to prevent recurrences. / Something must be done to prevent this from happening again. / Something must be done to prevent incidents such as this from happening again. / We must prevent such an accident from happening again. / We must do something to prevent such accidents.

　such **an** accident は今回が初めての事故というニュアンス。such accident**s** と書けば過去にも発生したことを意味します。

　「再発」として辞書にある relapse は病気などが再発することです。

　tracks は多くの場合、複数で使います。ホームの下には細長い軌跡（track）がレールとレール間、レールとホーム壁間など複数あるからです。railroad は線路でなく「鉄道」施設全体を指す言葉。railway は結構です。line は「新幹線」の「線」のような抽象的な意味が主。

　「昨日」は日本語ではどの位置においても意味があまり変わりませんが、英語では yesterday は基本文型どおり（たいていは動詞の後ろ）に置かれないと、違う意味（強調）になってしまいます。

 語的に憤りを表現した意訳例

　A drunken man fell onto the tracks yesterday at a Tokyo station. This must not be allowed to happen again.

EXTRA

号外
冠詞が分かると英語が分かる

　週刊ST「これであなたも英文記者」の投稿作品に添えられたコメントには、冠詞（a, an, the）についてのものがかなりあります。「最近、冠詞に悩む日々です。リスニングでも、冠詞を聞き逃したおかげで意味が大違いってこともしょっちゅうだし……」（兵庫県・植田結花さん）

　じつは **the は英語の最重要単語**。英文で使われる全単語数のなんと7パーセント近くが the であり、最頻出単語だそうです。また a も頻出単語のトップテンに入っています。a と the はほとんどすべてのセンテンスに登場。このため、冠詞が分からなければ英語が分からないに等しいのです。もちろん正確に書くこともできません。

　異質なため、日本語にはうまく訳せず、説明も困難です。the の中心概念は「特定感」（specific なこと、specificity）ですが、その「特定」という日本語自体がピンとこないのです。

　そのため、冠詞を理解するためには、英語に体当たりして自ら冠詞の意味を「発見」する姿勢が必要です。まずは冠詞についての基本解説を読み、そのあとは、冠詞が使われている文例にたくさん接し、概念を直接つかみ取り、体得するのが最良の方法でしょう。

　異質で、説明がしにくいだけで、冠詞の意味そのものは難しいものではありません。禅問答みたいですが、「the の意味は the である」と言えます。たった3文字の単語であり、英語圏では小さい子供でも理解しています。米国で発行されている英語（国語）の文法書には、冠詞をほとんど説明していない本もあります。それほど「あたりまえ」の単語なのです。

冠詞の意味をつかまえるには

（1）まずはなんらかの参考書（文法書や中学の参考書など）で冠詞について

の解説を読みましょう。手軽なところでは、学習用英和辞典で **the と a の項を熟読**すればよいでしょう。例文をよく理解してください。

(2) 次に超やさしい文をたくさん、the と a の違いに気をつけて読み聞きしていきます。なぜ超やさしい文かというと、難しい文では、つい日本語で考えてしまう（訳してしまう）からです。**訳そうとする限り、異質な概念をつかまえることはできません。**訳さなくてもなんとか分かる程度（多くの学習者にとっては中学教科書レベル）の文をていねいに読んだり聞いたりして、冠詞がどう使われているかを観察、状況から直感的に理解するようにします。

　このプロセスは英語脳の発芽であり、ヘレン・ケラーが井戸から勢いよく流れてくる冷たいものを手のひらに感じて、water の意味を「発見」したときのような、強烈な体験になると思います。

　英会話学校に通っている方などは、講師に冠詞の意味を質問してみるとよいでしょう。図解してもらったり、教室の中の本のうちどれが a book でどれならば the book なのか、といったことを具体的に示してもらいます。本書では、課題1で、劇に見立てて視覚的説明をし、人物が a から the に変化するのを説明しました。

　冠詞についてひらめきがあったあとは、超やさしい文にたくさん接して、**理解を積み重ね**ましょう。そうすれば、体得できます。

(3) さらに多くの文に接していくと、「どんな例文でも the の意味は1つだ!」と脳が気がつきます。

　the、a という**異質な概念をそのまま受け入れる**と、英語学習のブレークスルーとなります。「訳さずに受け入れる」（英語で考える）姿勢を他の単語や表現にもだんだん拡げていってください。ただし基礎文法を忘れてしまった人（社会人など）はゼロから復習をしつつ進みましょう。

▎冠詞の基本

　冠詞は形容詞の一種で、きちんとした意味があります。a の代表的意味は「ある1つの〜」（不特定かつ単数）。a を単に「1つの」と覚えている方が多

いですが、重点は「ある（不特定）」にあります。同種のものが他にも**多数ある中の１つである（one of many）**こと。複数であれば無冠詞となります。

　the（特定）は a の反意語です。the は「さきほど話した〜」「前述の〜」「ご存じの〜」と、**自分と相手の双方にとって明確な that one**（アレ）であることなどを示します。相手に対して、「the に続いて私が言うものは、もうあなたがご存じのアレですよ」ということを示す信号です。

　名詞に a をつけるか the を使うかは文脈と背景知識（the というだけで相手にも特定できるかどうか）によって決まります。

　a man とは「世の中に男性があまたいる中で、そのなかのある１人」のこと。the man と言えば「さっきお話ししたあの男性」「例の男」。the の用法で最も多いのが「前出の〜」です。

　There was a man at the station. The man followed me home.（駅に男の人がいた。そしたらその男は家まであとをつけてきた）という文では、最初にこの男を見かけた時点ではどこの誰とも知らない不特定の人間なので a man です。第２文では、このストーカーを指して（特定して）いるので the man です。つまり the man at the station のことですが、そのように言わなくても the man と言うだけで誰のことか分かるのが the の特徴です。

　I had a sandwich for lunch. **The** sandwich was not very nice.（昼食としてサンドイッチを食べた。ところがそのサンドイッチはまずかった）の場合、第１文を読んだ人にはもう第２文の the sandwich とは「昼食べたサンドイッチ」と分かります。

　世の中に同じ種類のものがたくさんあるなか、the は「これだよ、これ!」と指し示す、方向指示器みたいなものでしょう。これ以外の用法でも、the の中心概念は「特定できること」です。the sun や the moon は、第１文がなくても、**１つだけの特定のもの（the one and only）**と分かるので、最初から the がつきます。なお、このほかに慣用表現で the のあるなしが決まるもの、the/a/無冠詞、どれでも正しいもの（ニュアンスは異なる）などがあります。

　冠詞は本書の残りの課題でも復習しながら進めていきます。

Chapter 2

書き方入門 1

分かりやすく書く

課題 4

わが社は創立 50 周年だ。でも私の給料は安い。

「創立」に相当する英単語を知らなくても書けます

原文に忠実に書こうとしてつまずいた例

　　This year it is the fiftieth anniversary of the founding of the company I work for. But that company pays me poorly.

——— 小池みどりさん（愛知県）の作品

ポイント

▼ 恥ずかしがらずに、稚拙でも正しく書く
▼ 10 以上の数字はアラビア数字で書く

シンプルに言えるなら、それがベスト

　課題では、「創立」に相当する英単語を知らなくても、シンプルに Our company is fifty years old. But my salary is low.（大阪府・吉岡たつ子さん）で正解です。課題文の**外見とは一致していなくても、課題が表している概念は正しく表現**しています。

　小池作品は、和英辞典に載っていた表現をそのまま合成した印象で、文法的に難点があります。**This year it** is . . . は主語が連続して2つもある形に見え、読者の頭が混乱します。分かりにくくて読者にとって不親切なのです。

　こういった場合、コンマをつけると何が主語であるかがはっきり分かる文になります。つまり This year**,** とすれば it が主語であることが読者に分かります。なお、さらにすっきりさせるためには it を取り、This year is the 50th anniversary of the founding of our company. とします。

小池作品第 2 文の **that** company（あっちの会社？）では、何を指しているのか不明瞭。言わんとしたのは **the** company（この会社、前述の会社）でしょう。

fiftieth は読みづらいのでアラビア数字（50th）を使うことをお勧めします。**さっと読めるようにするため、10 以上の数字はスペルアウトしない**でアラビア数字で書くという表記の約束事（style という）を、メディアなど多くの企業、そして文筆家が採用しています。

「わが社」について。「my company とするとその会社の経営者になってしまうと聞いたことがあるのですが、本当のところはどうなんでしょうか」（京都府・新井信邦さん）。実際には our company や my company が使われます（意味はあいまいになるので、文脈から判定する）。立場をはっきりさせる必要がある場合は、従業員であれば the company I work for、社長であれば the company I run などと区別できます。

「〜周年」について。anniversary とは、毎年めぐってくる記念日のみ（1 日）を指し、代表例は wedding anniversary（結婚記念日）。日本語の「〜周年」（1 年間を指すことが多い）とは意味がずれます。例外として、課題のように切りのよい「50 年」などの場合は anniversary year（記念日のある年）の略として受け取られ、使用可能です。

埼玉県・瀬山悠さんの It is fifty years since our company was **first** set up. では first が不要。「初めて創立」と書くと、その後に 2 度め 3 度めに創立されたこともあったのだろうか? と疑問を持ってしまう（非論理的）からです。

創立 50 周年の他の言い方としては Our company started up 50 years ago. や、Our company is in its **51st** year of business. です。

「給料は安い」はいろいろな言い方ができますが、My salary is **low**. が標準的。I am not well paid.（愛知県・小沢真来子さん）も結構です。salary のほかに pay、wages、remuneration なども使えます。My salary is **cheap**.（神奈川県・緒方一樹さん）とは言いません。cheap は「値段が安い」（low in price）で、意味に「値段」を内包しています。low はレベルが普通より低いこと。

「でも」= and のケースも

　ここからは上級です。会話でよく使われる「『でも』という言葉は日本語ではなんでもこれ1つで通じるところがあります」(京都府・陰山泰子さん)。原文の日本語は2つの文の論理的つながりが弱いですが、現実社会ではこういったあいまいな会話を交わすことは多くあります。英文にしてみると「会社の歴史と給料はまったく関係がない」(兵庫県・福本康二さん) ことがよりはっきりします。「でも」を but (逆接) と訳すと、何かが抜け落ちている舌足らずな感じです。解決策としては and として訳出してしまうのも1つの手です。また「『でも』は逆接のようですが、内容から判断して but を使うことができないと思い接続詞は省きました」(東京都・西村一志さん、作品第2文は My salary is small.) も一案です。

　日本語で**言わずもがな**になっていることが推測できれば、それを補って訳すことができます。課題を和文和訳すると「わが社は創立50周年(で立派な企業になった、堅実な企業だ、老舗で安定している)。それなのに私の給料は低い」。論理的には2つの文の間に「立派な企業である」(is well established) が欠落しているので、下記モデル訳ではをこれを補足しました。

　同様に論理欠落を補った優秀作品を紹介します。Our company has celebrated its 50th anniversary. The company is growing, but not my salary. (神奈川県・田中珠里亜さん)。The good news is that this is the 50th anniversary of the foundation of our company. The bad news is that my salary is still low. (茨城県・稲葉八興さん)

シンプルで、論理欠落も補った文
Our company is 50 years old and well established. But my salary is low.

課題 5

毛利衛さん（52）が1992年に続き、2度めの宇宙飛行を終えた。

> 読み方は「もうりまもる」。2度めの宇宙飛行（スペースシャトル）から帰還した（2000年2月22日）直後の文章です

毛利さんの関係者からいただいた惜しい作品

　　Astronaut Mamoru Mohri (52) accomplished his second space flight, following his first successful mission in 1992.

―――― 佐藤純さん（愛知県）の作品

ポイント

▼ 複雑な構文のまま訳さず、2つの文に分割して訳す
▼ 何が省略されているかを考え、補訳する

- - - - -

　「1992年の毛利さんの flight mission の1つに『コイの宇宙実験』がありました。このプロジェクトはわが研究所のチームが提案した計画に基づくもので、立案から装置の作製、実際の flight での地上サポートなど大変な労力の結果、多くの貴重なデータの収集に成功しました」（佐藤さん）

　名古屋大学環境医学研究所のチームの方です。あのフライトには多くの方のサポートがあったんですね。ご投稿ありがとうございました!

　添削例: Astronaut Mamoru Mohri, 52, accomplished his second space flight in February. His first mission was in 1992.

- - - - -

短文に分けましょう。すると分かります

　「『1992年に続き、2度め……』の表現がよく分かりません。時制を考えると頭の中がメチャメチャですが、とりあえず応募してみます」（千葉

県・落合正子さんが作品に添えたコメント)。「すいません、よく分からなかったのですが、作ってみました」(北海道・瀬川美枝さん)。「笑わないでね。英語の長文が読めてもこういった単純なことができないのです」(受験生の神奈川県・橋本公暁さん)

　分かりにくい文章の攻略法は 2 つあり、英語力ではなく日本語力を使います。(1) 日本語は省略が多い言語であるため、省略されているものを (日本語を) 補って原文をよく理解する。(2) 複雑な文は、短文に分割。「分ける」ことは「分かる」ためのとても大きなコツです。これで難易度が下がり、訳せなかったものも訳せるようになります。原文の外見にこだわると、原文以上に難解な英文になるケースが多いのです (日本語文と英文双方の複雑さが合体するため)。

　「1992 年に続き、2 度めの宇宙飛行を終えた」の言わずもがなを補えば、「1992 年 (**の最初の宇宙飛行**) に続き、(今年は) 2 度めの宇宙飛行を終えた」。課題テーマ全体に (1) 補完 (2) 分割をすると「毛利衛さんは 52 歳。彼は 1992 年に 1 度めの宇宙飛行をした。今年は 2 度めの宇宙飛行をした」。

　これで文法的には中学校 2 年レベルになりました。訳すと、Mamoru Mohri is 52 years old. He first went to space in 1992. He made his second flight this year. これで**原文のココロは正確に**コミュニケートされています。

　原文の構造を保って訳したい場合は、Mamoru Mohri, 52, who went on his first space mission in 1992, recently finished his second. とできます。

　毛利さんのお名前について。佐藤作品のように Mohri とします (h を入れてモーリ)。これは毛利さんご本人が英語では Mamoru Mohri と名乗っているためです。名前は個人の所有物ですので、スペリングはご本人が決めたものを尊重します。

　佐藤作品の Astronaut Mamoru Mohri (宇宙飛行士である毛利衛氏) は原文では舌足らずな点 (職業など背景が書いていないことについても) を補った好例です。

　米国などのニュース記事の場合では敬称 (「～さん」としての Mr. など) は省く傾向にあり、また省いても失礼ではありません。

　年齢の表し方はコンマで挟む <Mamoru Mohri, 52, ...> が標準です。職業と組み合わせて <Mamoru Mohri, a 52-year-old astronaut,> といった書き方もあります (どちらも末尾にコンマが必要)。

ここでの「宇宙」とは?

　ここでの宇宙は地球(や他の星)を除く、宇宙船が飛行できる「宇宙**空間**」で、冠詞なしの **space** です。**the** space は誤訳で「その空いたスペース(隙間)」。「宇宙で飛行する」は go **into** space と言いますが、シャトルは宇宙の入り口まで行くもので、go **to** space も結構です。the universe は「全宇宙の隅々まで全体」で、地球自体も含む概念です。これを使って課題を訳すと、毛利さんは神のような存在に思えます。

　「1992 年**に続き**」について。佐藤作品の following his first . . . mission in 1992 は、舌足らずを補って正確に訳しています。惜しいのは following という単語がここではしっくりこないことです。このニュアンスは「(直後に) 続いて」という意味。続いていても遠く離れているものには使いません。今回 (2000 年) のフライトは前回から 8 年も離れているのが注目点。同じ理由で静岡県・溝口正子さんなどの accomplished his second space flight **after** his first one in 1992 の after も不自然。following も after も、ニュアンスに close なこと(近接感)を含んでいます。すぐあとに続くことを指します。

　佐藤作品末尾の his **first** successful mission in 1992 を直訳してみると「彼の**最初の**成功したフライトで、それは 1992 年」。**言外に「それまでのフライトはすべて失敗だった」という意味**を含めてしまいます。毛利さんは最初から成功したので、事実とは異なります。

　前述のように following などが使いづらいため、関係代名詞を使わない限り、この課題を 1 文のまますっきり訳すのはほぼ不可能です。

意 味を補い2分割した例

Mamoru Mohri, 52, first went to space in 1992. He recently made his second flight.

課題 6

東京・港区の芝浦第一警察署に昨日午後4時頃、110番電話がかかり、女性の声で「運転していたトラックで乗用車に追突した」との通報があった。署員が現場に駆けつけたところ、乗用車に乗っていた3名は死亡していた。

これは日本語の新聞記事（冒頭部分）の書き方です（内容は架空）。英字新聞では構成を変えます。また、日本の新聞ではよく略される、あることも明記しましょう

起承転結で書いた14歳の方の作品

　Tokyo, Minato-ku — There was a 110 call at the Shibaura Daiich Police Station at about 4 o'clock yesterday. It was a woman on the phone, and she claimed that she had struck the rear of a car, with a truck which she was driving. When the officers arrived at the scene of the accident, the three in the car had already died.

―――白鳥晃平さん（愛知県）の作品

ポイント
▼ 英字新聞はズバリ結論を最初に書く
▼ ソースを明記すると信憑性が増す

「起承転結」でなく「まず結論」

　白鳥さんは英語力の基礎が完成しており、しかも英字新聞のスタイル（発信地など）を研究した跡が見られ、勉強熱心な方と思われます。

日本の文章作法の主流は起承転結（結論は末尾）で、課題のように「昨日警察に110番があって、ナニナニという通報があった。そして警官が現場に急行したところ、3名が死亡していた……」というスタイルです。新聞記事は、普通の日本語文章よりは、結論を先に書くようになりましたが、それでも英字新聞と比べるとのんびりしています。

　現代英語文の主流は、結論（ここでは「トラック事故で3名が死亡」）から書きます。その構成は、「東京・港区で昨日、追突事故があり3名が死亡した」（結論）から始め、あとを続けます。

　多忙な現代の読者に親切な文章を書くためには**「何があったのか」をまず最初に言う**ことが大切。英字新聞をたくさん読むと、ズバリの書き方に慣れてきて、日本語紙を読んでいるとまどろっこしいと感じるようになるでしょう。

　白鳥作品の英語は優秀です。新聞スタイルのように発信地として"Tokyo, Minato-ku ―"と書いてくれました。この発信地というのは新聞社の本社がある地域以外の場所から記事を送信した場合に使うものです。ジャパンタイムズの場合では、東京が本社ですので発信地は書く必要はありません。

● ● ● ● ●

source がない記事は信用されない

　英字新聞では、主観客観の区別を明確にします。この課題の場合では、「3名が死亡した」などの**情報の出所（source）を**はっきり書きましょう。source とは原義が「源」で、課題の場合、具体的には警官たち（police）を指します。

　日本語では、多くのことが言わずもがなで省略されます。ソースの省略も多いのです。また日本人はお役所の言うことや新聞に書いてあることを素直に信じる傾向があるようです。これらの理由で、新聞に何度も「～によると」と書いてあるとうざったい感じがし、またあまり書かなくても苦情が出ません。

　英語は融通のきかない言語なので省略が自由にできません。また英語圏では政府も新聞もそれほど信用されておらず、いちいち段落ごとに「～によると」が必要です。これがないと、書いた記者のでっち上げに聞こえてしまいます。また、犯罪記事の場合、裁判所が判断するまでは死

亡原因の断定を避けることで容疑者の人権保護になります。

　神奈川県・熊田三恵子さんは作品末尾に police said を添えました。このような「ソースを明記すること」は attribution と呼ばれます。書いた記事の内容が誰々というソースに attribute（帰する）、ということです。

●●●●●

区は ward それとも city?

　埼玉県・岩渕誠さんから質問がありました。「『〜区』の言い方は現場では"〜 City"にしている所もあります。"〜 Ward"との比較をご教示ください」

　港区など、東京都の「特別区」は本来は ward ですが、外国の都市と姉妹都市提携をすることが増え、「ward では市の一部分みたいでカッコ悪い」ということで、Minato Ward ではなく Minato City という英訳名を使う区が続出しています。特別区は法律で市と同様の自治権限を与えられている（課税権はない）ので、実態に近いと言えます。どう訳すかは当事者の自由ですが、ジャパンタイムズは ward としています。

　ward でも city でも、また英文住所表記として普及している ku と訳してもかまわないでしょう。ただし ku は日本国内の外国人にしか通じません。

　モデル訳の"were killed"は「死亡した」という表現で、「殺された」ではありません。なお、課題は単純化した架空のもので、110番は実際は警察署というより専用のセンターにつながるそうです。

結論から書き、ソースを明記した例

Three people were killed yesterday when a truck rammed into the rear of a car in Minato Ward, Tokyo, police said. A female caller reported to the Shibaura No.1 Police Station at 4 p.m. that her truck had hit the car from behind. Police rushed to the scene and found the three dead in the car.

号外
分かりにくい「悲劇の翻訳」

「シンプルな文ですと、英語がなおさら幼稚なものになってしまうのですが、あえて難しい英語を使う必要はあるのでしょうか。たとえば But のかわりに Nonetheless など」（東京都・野口麻子さん）

同じことを、もっとシンプルに言える表現があるならば、それがベストです。和英辞典で知的そうな訳語を見つけても、それを正しいニュアンスで使えるとは限りません。**上級単語を使っても、語法などが正しくないと、かえって幼稚な文に見えます。**

辞書で見た単語を使いこなす自信がなければ、中学で習った単語・構文でカンタンに、そのかわり正しい文章で書きましょう。**カッコいいことよりも、親切な文章（分かりやすい、通じる英語）であることが優先**します。稚拙に見えることを恐れず、書く練習を続けてください。

受験英語から頭を切り替える

現代文の主流は、多くの人とのすばやいコミュニケーションを目的にしています。報道では（とくにテレビ・ラジオ）、「難しい単語を知っていても、それらを使いたい気持ちを抑え、やさしく表現する」ことが原則になっています。Keep it simple! です。

例外として、ひねった文章で書くのは、特定読者層にじっくり読んでもらう小説・評論など。また、英会話が苦手な場合に、わざと「but のかわりに nonetheless」的に難解単語をちりばめると、知的な感じを与える効果が確かにあります（ただしニュアンスを間違えると逆効果）。

実用文は**背伸びせずにシンプルな単語・構文で書けばよいのです**。受験英語（入試）では、原文の外見に忠実に、複雑な文章であれば同じくらい複雑な英文に訳すことを求められます（単語・構文力を試しているため）。しかし、実社会の文章では原文の外見に忠実であるかどうかは関係ありません。受験と違い、思いっきり意訳しても超訳してもかまわないのです。受験では単語などを

EXTRA

「知っているかどうか」（知識）が採点基準ですが、実社会では **「正しく通じるかどうか、コミュニケーションができるかどうか」** が基準です。

役に立たない英語とは

　数年前、ジャパンタイムズの編集会議で、1枚の英語版 CD-ROM が話題になりました。出席していた私は、この CD-ROM に添えられていた英文を「悲劇の翻訳」として記憶しています。

　会議の冒頭、司会者が「これが当社に送られてきたので、ジャパンタイムズで紹介するべきかどうか、皆さんで検討してください」と、この CD-ROM を取り出しました。それを最初に手渡された社会面デスクが、パッケージ裏面の説明文に目を走らせたと思うまもなく、言い放ちました。「これはひどい！」

　この CD-ROM は、1995年1月の阪神大震災の発生から1週間の出来事をまとめたドキュメンタリーの英訳版。死者6400名以上がでた大災害を教訓とするために、関西の大きな新聞社など3社が共同で製作。この貴重な記録を世界に伝えようとして、何十万字もある日本語原文をこつこつ英訳したのでしょう。ついに完成したものを、ジャパンタイムズで紹介してほしいと頼んできたものです。The First One Week というタイトルでしたが、冒頭の説明文が難解な英語で、しかも意味不明でした。おそらく、重厚な原文をきちょうめんに直訳したものと思われ、表現は完全にジャパニーズイングリッシュ。意味を判読するには、一度、単語を1つずつ日本語に逆訳して何が言いたいのかを考えてみなくてはなりません。

　このドキュメンタリーを紹介するかどうかの結論はすぐ出ました。この文章では英語圏の読者が内容を正しく理解するのは不可能。かくして、阪神大震災の悲劇を世界に伝えようという大プロジェクトをジャパンタイムズは紹介しませんでした。2年以上も翻訳作業に従事された方々には申し訳ありません。しかし、説明文は**コミュニケーションという目的を果たせなかった「役に立たない英文」**でした。もし訳者たちが、自分たちの豊富な語彙力を駆使したい気持ちを抑え、シンプルで分かりやすい英語で書いていたならば、ジャパンタイムズでは大きな紹介記事として掲載したはずです。

Chapter 3

書き方入門 2

ピンとくるように書く

課題 7

「ウォークマン」をつくったのはソニー株式会社だが、現在の携帯ステレオ・カセット・プレーヤー市場での最大手は松下電器産業株式会社だ。

ポイントを比喩的に書くと、読者にとって印象的になります。これも文章を分かりやすくするテクニックです

英語の先生による正しい英語

It was Sony Corporation that invented "Walkman". But Matsushita Electric Industrial Co. Ltd. has the largest share in the market for portable stereo cassette tape recorders.

——— 宮内寛子さん（静岡県）の作品

ポイント
▼ 比喩的キーワードで印象的な文章に
▼ 商標と総称を混同せずに書く

「最大手」を印象的にするには

今回のポイントは「ウォークマン」（ソニーの商品名）と、同類の機械の総称である「携帯ステレオ・カセット・プレーヤー」を混同しないことです。さらに英文記者としては、課題テーマの**核心部分にシンボリックな表現を考え、読者の心に残る英文にできれば**ベストです。

課題の核心は、ウォークマンはソニーがつくったが、現在では「松下こそがナンバーワンだ」ということです。原文の「市場での最大手」から連想していくと、→「市場でトップ」→「君臨している」→「王者」と言い換えられます。そこでモデル訳では king を使っています。これは

私が書いてジャパンタイムズの経済ページに実際に掲載した文です。

　king と似た表現で、福岡県・小川雄峰さんは Gulliver（『ガリバー旅行記』の主人公、転じて「市場の巨人」といった比喩）を使いました。

　印象に残ったのが「ソニーが母だが、今や支配者は松下」とした東京都・棉櫛瑠さんの作品です。The mother of Walkman, the portable stereo cassette player, is Sony Corporation, but the master of the market today is Matsushita Electric Industrial Co., Ltd.

● ● ● ● ●

ウォークマンの厳密な意味

　ウォークマン（Walkman）は 1979 年にソニーが発売し大ヒット、他社も追随して同類の製品を開発しました。ウォークマンはあまりに有名で混同しがちですが、あくまでもソニーの製品シリーズ名（登録商標で固有名詞）です。松下やアイワなどが発売している同類製品はウォークマンではありません。全製品の総称としては「携帯（ステレオ）カセット・プレーヤー」といった一般名詞を使います。

　このほかにも「ポラロイド・カメラ」など、一般名詞と紛らわしい（混同されて使われることも多い）が、本来は一企業の商標名にすぎないものがあり、正しい英文を書くためには要注意。

　宮内作品は文法がパーフェクトで、後半のマーケットシェアの書き方は優れています。商標名の区別が出題のねらいであることに気づいたらしく、念のために引用符（" "）で囲み**"Walkman"** としています。

　課題（日本語）では「　」（引用符）を使い、一般名詞ではないことを明確にしてあります。英語には固有名詞の冒頭 1 字は大文字で書く文法があるため、**W**alkman はすでに一般名詞でないことは明確。ですから英訳する際には引用符（" "）は必要ないでしょう。

　宮内作品末尾は cassette **tape recorders** となっていますが、cassette は tape の意を含んでいるので tape は不要（意味重複）。またウォークマン類は基本的に再生（play）専用で録音機能が省いてあるため、recorder でなく、単に player でよいのです。

　冒頭の It **was** Sony Corporation . . . は「ウォークマンをつくったのはソニーであった」ということですが、現代英語では It **is** indeed Sony Corporation that produced . . . "Walkman"（神奈川県・岡部美恵子さん）

のように現在形を使うのが普通になってきています。was（過去形）を使うと誤読の余地があり、「ウォークマンをつくったのはソニーであった（が、現在は違う）」という奇妙な意味にもとれないことはないからです。

　宮内作品は invented（発明した）を使っています。ただしウォークマンが「発明」であるかどうかは議論の余地があるので、Sony Corporation developed the "Walkman." がベターです。なお、この文末でピリオドを"の内側に置く..."Walkman."は米国式で、外側に置く..."Walkman".（宮内作品）は英国に多いスタイル。" "内が単語ではなく文章の場合は英国でも内側に置きます。

　松下電器産業株式会社の正式英語名は Matsushita Electric Industrial Co., Ltd. で、コンマがあります（Co., Ltd.は日本独特の書き方）。簡略には Matsushita Electric Industrial Co. と、Co. までを書きます。

　「ウォークマンをつくったのはソニー株式会社だ」は直訳しても結構です。宮内先生の生徒作品によい例があります。Sony Corporation made "walkman".（久我雅子さんと岩崎愛美さんの共同作品）。これはシンプルで新聞記者好みの文。ただし、固有名詞なので大文字で Walkman としましょう。

　この文も、made（創った、作った、生産した）という意味の広い語の過去形を使っているので誤読の余地はあります。「ソニーはウォークマンを生産していた（現在は生産していない）」と読むことも可能だからです。

伊藤サムがジャパンタイムズに書いた文

Sony Corp. is the creator of the Walkman, but the current king of the portable stereo cassette player market is Matsushita Electric Industrial Co.

課題 8

世界では毎年、300万人が結核で亡くなっている。

「300万人」という数字の大きさがピンとくるような言い換え表現を書き加えてください。ヒント表現としては、「2001年のビール消費量は東京ドームの10杯分に相当する」

重大なありがちミスがあります

Every year, three billion people die of tuberculosis in the world. Three billion people are equivalent to the whole population of Yokohama City.

——— 川瀬淳子さん（愛知県）の作品

ポイント

▼ 訳すだけでなく、「追加する」ことを覚えよう
▼ 数字の単位は間違えやすいことを意識しておく

読者にとって親切な文章に

　ニュースで紹介される数字が、「300万人死亡」のように巨大な場合、大きすぎて実感がわきません。あまりに大きい数字は人の心で把握しにくく、冷たい統計になってしまうのです。これを分かりやすくするテクニックの1つは比較例を追加することです。

　よく知られた比較例に「2001年のビール消費量は東京ドームをジョッキに見立てると、約10杯分に相当する」があり、ジャパンタイムズでもたまに使っています。ただしこれは「東京ドーム」がなんであるかを知らない海外の外国人には通用しません。**比較例は相手（読者層）に応じてつくる**とよいでしょう。

　「世界では毎年、300万人が結核で亡くなっている」は Three million

people die of tuberculosis in the world every year. など、いろいろな言い方が可能です。なお、million はここでは名詞ではなく形容詞（「300 万の～」）なので millions（複数）にはなりません。people は persons という意味（複数）なので、動詞は dies でなく die となります。tuberculosis は略称の TB や T.B.でも同じ意味です。

　川瀬さんのコメント。「中学生の娘の教科書で人口を調べたんですが、横浜の人口は 327 万人（1995 年度）で、じつは少々 300 万人より多いんです、ゴメンナサイ。シンガポール共和国の全人口が 287 万人で、どっちにしようか迷ったんですが、身近なほうがいいと思って横浜市にしました」

　大きさが実感できればよいので、数字はだいたい合っていれば結構です。

● ● ● ● ●

単位は要注意、もう一度見直しを

　川瀬作品は、優秀作品だと思ってよく見たら、うっかりミスで million（100 万）と言いたいところで billion（10 億）と書いてあります。これでは数字がだいたい合うどころか、世界人口（60 億人）は 2 年間で滅亡してしまいます!

　たった 1 語の差が致命的でした。単位の取り違え（million と billion、dollar と yen など）はとても多いうっかりミス。「単位は間違えやすく、要注意」と意識しておくと、自分でミスを発見しやすくなります。何度でも見直して誤報を防いでください。

　茨城県・石上喜美恵さんは、A total of three million people die of tuberculosis in the world every year. The number is equivalent to one third of the yearly visitors at Tokyo Disneyland. 「イメージしやすいのは東京ディズニーランドかなと思って書きました」

　「日本人が読者の場合、茨城県の人口で比較すればよいと思います。しかし、与える印象としてはシンガポールという 1 つの国がなくなるほどの人々が亡くなっているというほうが大きいのでは」（兵庫県・山田文乃さん）というシンガポール派もいました。海外組はさらにニュージーランド（鳥取県・木島良子さん）、シカゴ（千葉県・金子由子さん）、トルコのイスタンブール（神奈川県・岡部美恵子さん）。

　「この数字は仮想の数字ではなく、現実の数字なのでしょうか」（北海道・千葉洋子さん）

世界保健機関（WHO）による推定です。世界保健報告の1998年版以降では、エイズが誘因となった結核などは別統計に移したため、結核での年間推定死者は150万人となりました。

　「病死」は、英語では、死にたくはないのに病気に殺されてしまうことから、killがよく使われます。「結核を主語にすることで、病に対する人間の無力さを表現した」神奈川県・海老原宏美さんの作品はTuberculosis **kills** as many as 3 million people all around the world every year.です。愛知県・内川和代さんはTubeculosis kills three million people in the world every year.（正しいスペルはtube**r**culosis）。

　うっかりミスで川瀬さんと双璧をなしたのが、千葉県・金田あやさん。「ルームメートのコンピューターを借りて総務庁統計局のサイトで日本の先月までの人口を調べ」たところまではすごいのですが……。

　3 million people die of leukemia around the world every year. That is one-fourth of the Japanese population. まず、leukemiaは結核ではなく白血病です。300万を「日本の人口のone fourth（4分の1）に相当」としていますが、これだと日本人口は1200万人（東京都と同じ程度）となってしまいます。正しい日本人口はその10倍あります。

　300万人を"Japanese killed in the Second World War"の数として比較した作品（香川県・高橋弦太郎さん、福岡県・小林毅さん）もありました。大阪市の人口に相当すると書いた作品（愛知県・山村信雄さん）、「仙台の3倍」（千葉県・阿部清香さん）、「札幌の2倍」（北海道・安井久美子さん）なども。広島県・大西浩さんは"at the rate of one per 10 seconds"と表現。モデル訳もこのタイプです。

比較を追加し、スペルも単位も正しい例

　Each year, tuberculosis kills 3 million people worldwide. It kills one person every 10 seconds, a rate equivalent to a jumbo jet crashing every hour.

課題 9

世界では毎年、2万6000人が対人地雷の爆発で死傷している。

この悲劇をピンと感じるように言い換えてください

「道場破り」さんの作品

Each year, the explosions of antipersonnel land mines kill or wound 26,000 people worldwide. This casuality toll is equivalent to about one-tenth of those who die of cancer in Japan every year.

——— 岩渕誠さん（埼玉県）の作品

ポイント
▼ 大きすぎる数字は身近な単位で言い換える
▼ 比較例は真にピッタリなものを吟味

数字のマジックは巨大な力

「対人地雷は世界中に1億1000万個以上埋設されている。毎年、2万6000人が対人地雷の爆発で死傷していると推定されている」

これらの数字はあまりに巨大で、その重大さがなかなかピンときません。そんな場合には、分かりやすい大きさ（小ささ）にホンヤクしましょう。数字言い換えテクニックの1つが、The number is equivalent to the population of the Principality of Monaco.（モナコ公国の人口とほぼ同じ。埼玉県・寺前裕子さん）のように、**同等の大きさのものと比較する**やり方です。

もうひとつの方法が、One person is killed or maimed by the explosion every 20 minutes.（20分に1人が死傷している。岐阜県・久代京さん）

のように、時間あたりや1日・1か月あたりの死亡率など、**身近に感じられる小さい単位に分ける**ものです。

　たとえば国際会議でこんなスピーチがあったりします。「年に2万6000人というのは1日あたり、約70人です。1時間あたりなら3人。今、朝の10時なので、本日はすでに世界中で30人の男性、女性、そして子供たちが地雷の犠牲になりました」

　このように言い換えると、地雷の恐ろしさを身近に感じる人が増えます。実際、この2万6000人という数字をいろいろな表現で言い換え、犠牲となった子供たちの写真を展示することなどによって多くの人々と各国政府の意識を変えてきたのが米国系市民団体である地雷禁止国際キャンペーン（ICBL）です。6年間の運動の後、1997年に対人地雷全面禁止条約が採択され、この団体はノーベル平和賞を受賞しました。

　このように、**言い換えには世界を変える大きな力**があります。

● ● ● ● ● ●

ピッタリ例でないと説得力が落ちる

　「頭を絞って上記のように表現してみました。はたしてピンとくるか？ご教示ください。ちなみに根拠となった数字は1994年のガンによる死亡者数」（岩渕さん）

　岩渕さんはあちこちの雑誌等の英作文投稿コラムで優秀者表彰されている「道場破り」的存在です。今回の作品もほぼ完璧。さらに強力な英語力を求める岩渕さんのために、辛口の添削をしましょう。

　まず、原題は「死**傷**」（死亡かケガ）なので、言い換え例のガン死亡者数（全員が死亡して生存者はいない）は同等の例ではなく、説得力が弱いという感じがします。

　課題には「爆発で死傷」とありますが、直訳して the **explosions** of antipersonnel land mines kill or wound 26,000 people．．．．とすると英語としてはくどい表現。mine を英英辞典で引くと an explosive device（爆発する機器）などとあり、**mine という言葉自体が** explosion **という意味を内包**し、この文は「爆発する機器の爆発により…」というくどい感じがあります。ですから、explosion を削除しても文の意味は変わらないので、単に Antipersonnel land mines kill or wound 26,000 people．．．．としたほうが文が引き締まり、リズムも出ます。

kill or wound（死傷）の wound には「戦闘でケガ」というニュアンスがあるので地雷（戦争が終わっても放置され、民間人が犠牲になっている）については久代作品のように maim（事故などで体の機能を失う）が適切です。

　casuality toll とありますが、casualty（i がない）が正しいスペルです。また、casualty toll（死傷者数）を取って This is equivalent to . . . . としても文脈上、同じ意味で、すっきり読みやすくなります。

　もうひとり、上級者の作品を見ましょう。Each year, explosions of antipersonnel land mines kill 26,000 people in the world. In other words, they kill 3 persons every hour.（兵庫県・山田文乃さん）

　言い換え例は適切です。課題では「死傷」ですが、ここでは kill としか訳していないので、英文記事としては**誤報**（全員死亡）となります。

　普通の対人地雷はわざと殺さない程度の爆発力に抑えられています。兵たちが負傷した戦友の手当てに追われ、戦闘力が落ちることをねらった兵器です。

　「世界では」を in the world（この世界では）として文末に置くのは直訳英語。数字のすぐあとに **worldwide（世界中いたるところの合計で）**とすると意味が明確になります。

　anti-personnel のハイフンはあってもなくても結構です。

訴求力の高い言い換え例

Anti-personnel land mines kill or maim someone every 20 minutes — about 26,000 worldwide every year.

課題 10

国会は昨日、「ハッピーマンデー」（一部祝日の月曜日指定化）を導入する祝日法改正案を可決した。

背景知識: この法改正で、2000年から「成人の日」と「体育の日」が、それぞれ各月の第2月曜日になり、土日月の3連休が実現した

しゃれが楽しい作品

The "Happy Monday" bill, an amendment one to the shift in some of the national holidays to Mondays, was passed on the Diet yesterday. We could be surely happy twice on three consecutive holidays from 2000.

———— 矢森佐知子さん（大阪府）の作品

ポイント

▼ カタカナ英語はたいてい通じない
▼ 相手の知識を予測して表現を決める

読者層に合わせてピンとくる表現を工夫

今回のポイントは、「『ハッピーマンデー』（一部祝日の月曜日指定化）」を直訳しても英語としてはぎこちないので、分かりやすく訳出することです。

日本人にピンとこないのが、欧米の曜日指定祝日です。祝日は「何月何日」とせずに「何月の何番目の何曜日」と法律で決まっているものが多くあります。たとえば、米国の Washington's Birthday（ワシントン誕生日）は2月第3月曜日。Thanksgiving Day（感謝祭）は11月第4木

曜日です。

　日本人には分かりにくい曜日指定祝日制度を、なじみやすくしようとして使われているキャッチコピーが「ハッピーマンデー」。土日月の3連休を増やすことによって消費を刺激し景気をよくしようというもので、1996年に運動が本格化、98年の10月14日に国会で改正祝日法が成立しました。

　「ハッピーマンデー」は覚えやすい表現ですが、初めて読む人にとっては注釈か言い換えが必要です。本来は英語（happy Monday）でしたが、英語圏ではこの言葉は普及しなかったため、普通の人には何のことか分かりません。曜日指定祝日制度に親しんでいる英語圏でピンとくる表現としては「U.S.-style three-day weekends（米国流の週末をはさむ3連休制度）を導入」などが考えられます。

　「一部祝日の月曜日指定化」は designate certain Mondays as holidays と訳せますが、これではそっけないので、「つまり3連休になる」と補足すると、読者にとって分かりやすく親切な文章になります。

　課題文にヒントとしてつけた背景知識部分を利用して、「これにより2000年から『成人の日』と『体育の日』は、土日と合わせ3連休になる」と付け加えるのが、具体的で良い例です。

　代表作品としてご登場を願った矢森さんの文は、「3連休が年にあと2回増えるので、We could be surely happy twice」と書き加えてあるのが印象的な楽しい文章です。

　最初の文は The "Happy Monday" bill, an amendment that shifts some of the national holidays to Mondays, was passed by the Diet yesterday. としたほうが自然です。

　花井康子さん（大阪府）は「2000年から」に「since を使うべきか from にすべきか悩みました」とのこと。**since は現在完了形で書く場合に使う単語**です。この場合は from で OK ですが、「2000年に実施される（それまでは現状のまま）」というニュアンスを出すには beginning in 2000 がおすすめです。

代用表現としての **Parliament**

「Diet と Parliament とはどう違うのですか」（埼玉県・鯨井正美さん）

ご質問の趣旨での Parliament は代用表現です。本来、parliament（議会）は一般名詞で、**世界中の議会はどれも parliament** です。各国の議会には固有の名称があり、**日本の parliament は国会（the National Diet、通常は略して the Diet）** と名付けられています。アメリカでは Congress、韓国では National Assembly、イスラエルのものは Knesset と呼ばれます。本家イギリスのものはズバリ、Parliament です。

しかし遠い国の議会の固有名称を使っても、意味を知らない人が大部分。そこで一部のメディアはどの国の議会も便宜的に Parliament と呼んでしまうことにしました。

日本の国会も、AP 通信や CNN などは、正式英語名の Diet（国会）を使わずに、Parliament（議会）や Japanese parliament（日本の議会）と呼んでいます。国会の英語名はあくまで Diet なので、それを固有名詞として（大文字で）Parliament と呼ぶのは**間違いですが、分かりやすさを優先させたもの**です。これも相手にとってピンとくるような表現に言い換える用法です。そのあとで、必要があれば「日本の議会は正式には Diet と呼ばれる」と説明をつけます。

議会という意味での diet は、あまり知られていない単語。だから海外で、突然 diet と言っても、食事制限のダイエットを連想されてしまうでしょう。その場合は「議会です」と説明します。

米国人にもピンときた文

The Diet yesterday passed an amendment to the National Holiday Law that introduces U.S.-style three-day weekends. Under the "happy Monday" system, some national holidays will always land on Monday.

EXTRA 号外

ハッピーな月曜日

　あるとき、米国人校正記者が2人、私の席までやってきて質問をしました。「今度の月曜日は日本では休日らしいが、いったい何の祝日なのか」

　その日は「振替休日」だったので、別の祝日が日曜日にあたったためのsubstitution holidayである、と言ったら、狐につままれたような顔をして戻っていきました。祝日でもないのに休日になってしまう振替休日制度が、自国にはないので、ピンとこなかったからでしょう。

　米国の祝日には「何月何日」とせずに最初から「何月の何番目の月曜日」と法律で決まっているものがあり、月曜日が休みになる場合は必ず何かの祝日にあたっています。祝日でもないのに休日になってしまう日本の振替休日制度は、米国人には何が何だか分からないようです。

　1997年10月に、自民党は景気対策（消費刺激策）の1つとして「ハッピーマンデー」（祝日三連休化）を発表しました。その仕組みは祝日を月曜日に移すもので、米国式です。

　これについての英語の記事をジャパンタイムズに載せることになったとき、何か分かりやすい表現はないかなと考え込みました。その結果、「U.S.-style three-day weekendsを導入へ」としてみました。「振替休日」の際は狐につままれたような顔をした校正記者たちも、「なるほど」という顔で記事を読んでいました。記事の途中で、「この制度を日本ではhappy Mondayと呼んでいる」と説明しました。

ジャパンタイムズ 1997年10月21日付

Chapter 4

書き方入門 ③ 面白く書く

課題 11

日本が生んだ怪獣ヒーロー、ゴジラをハリウッドがリメークした話題の米国映画『GODZILLA』の全国公開が昨日、過去最大規模の385映画館で始まった。

上級課題です。翻訳するのではなく、ジャパンタイムズ記者になったつもりで、記事（冒頭部分）として書いてください

「怪獣ヒーロー」をうまく訳出した作品

The much-heralded U.S. movie "Godzilla," the Hollywood version of the original Japanese star monster "Godzilla," was released at record 385 theaters across the country yesterday.

――― 岩渕誠さん（埼玉県）の作品

ポイント

▼ 場面を想像し、効果的な単語を選ぶ
▼ 日本語の決まり文句は訳出する必要はない

ゴジラ登場の臨場感を演出

　課題は共同通信社が1998年7月11日に配信した日本語記事の冒頭です。これを参考にジャパンタイムズ報道部記者が英文記事を作成、私がデスクとして書き直して掲載したものがモデル訳です。

　慣用句の a far **cry** from（〜とまったく違う）を使いました。しゃれですが、読者の心の耳にゴジラの cry（大きな鳴き声）が「ギャオー」と聞こえる効果音を作ろうとしたものです。

　また、米国ゴジラが **descend**ed on Japan（日本にどすんと降り立った）

とし、鳴き声の次に巨大な足が「ドスーン」と地面にぶつかる効果音や光景をつくっています。**効果音と光景描写により、まるで映画のように、見えて聞こえる記事**をねらったものです。

「過去最大規模」は at a record ～（新記録の～で）という表現を使うとシンプルに表現できます。続く部分が複数形でも a をつけます。厳密には、原文の「過去最大規模」はあいまい表現（過去最大または過去最大に近い）なので、正確な訳というわけではありません。

岩渕作品は「怪獣ヒーロー」部分を star monster（人気抜群の怪獣）と訳出したセミプロ的作品。なお、厳密に見ると同格関係がやや崩れています。最初の movie "Godzilla"（映画タイトル）を、同格（2 つのコンマにはさまれた部分）として monster "Godzilla"（怪獣名）に言い換えていますが、同格表現では最初のものと言い換えたものはイコールでなくてはなりません。

課題のように、日本の新聞では映画名をすべて大文字（GODZILLA）で表記する場合がありましたが、映画ゴジラの正式英語名は "Godzilla"（最初のみ大文字）です。

● ● ● ● ●

決まり文句は無視してよい

「『話題の』や『リメーク』をどう訳せばよいのか分かりませんでした」（千葉県・浅野昭子さん）。浅野さんは「話題の」を popular としていますが、このようにシンプルな訳で OK です。

じつは、「話題の」は訳さなくてもまったくかまいません。それどころか、こういった決まり文句は訳さないほうがよい場合もたくさんあります。決まり文句（慣用表現であり、実質的な意味がないことも）に対応する英語の**決まり文句が存在しない場合が多くあります。決まり文句を無理やり英訳すると、文法的には正しくても不自然な英文になります**。プロの翻訳家であれば決まり文句も訳出しなくてはならないでしょうが、初心者は避けたほうが無難です。

「話題の映画」は、日本語特有の決まり文句だと思います。ゴジラは確かに話題の映画ではありますが、日本語原文ではその事実を形容するだけではなく、記事にリズムをつけ、カッコよく見せる効果をねらって使われている感じがします。ゴジラでなくても、たいていの映画は「話題

の映画」とメディアに呼ばれます。

「話題の」を talk of the town（巷でもちきりの話題）とか blockbuster（大人気作）などと訳出することは可能ですが、こういった使い古された**抽象表現より、なにか具体的なことを書いたほうがインパクト**があることが多いようです。

「リメーク（した）」を大阪府・藤村真弓さんなど多くの方が remake や remade としましたが、re- は「元通りにする、前回と同じことをする」という意味。remake は「（日本版と）同様の物をつくった」というニュアンスです。米国版ゴジラの場合、日本版とはまったく違うというのが特色なので、岩渕作品のように version（版）を使って表現するとベストです。

開演を待つ日本のゴジラ

ゴジラの鳴き声が聞こえ、地面が揺れる記事

The Hollywood version of "Godzilla" — a far cry from the Japanese original — descended on Japan yesterday, opening at a record 385 movie theaters across the country.

課題 12

福岡市の雑貨店から昨日朝、「店内が荒らされている」と110番があり、警官10人が駆けつけたところ、2匹の野生のタヌキが大暴れしているのを発見した。タヌキは警官に抵抗したが、2時間後にえさを与えるとおとなしくなり、捕獲された。

↓ 事件の特性を生かした書き方を工夫しましょう

実力はあるが詰めが甘い作品

　Two wild raccoon dogs were caught yesterday in Fukuoka, police said. A general store reported to police in the mornig that the shop was being ransacked. Ten police rushed to the scene and they found the two anmals riotting. The urchins put up a lot of resistsnce ,but two hours later they calmed down with food and then police arrested them.

―――葉室雅代さん(東京都)の作品

ポイント

▼ ユーモア記事は「結論から書く」原則の例外
▼ 書いた作品は見直し、うっかりミスをなくそう

●●●●●

珍事件はユーモラスに書こう

1998年お正月の夜、私はジャパンタイムズ社会面の当番デスクをして

いました。世の中は平和で、大した事件はありません。平和なままに、一日が終わろうとしていました。

事件がないのは結構なことですが、新聞編集者にとっては退屈です。自分のつくった紙面があまりパッとしないまま、気分が落ち込んできました。

そこに福岡でのタヌキ事件第一報（共同通信社からの日本語情報）が飛び込んできました。

ドロボーかと思って110番したら、なんとタヌキが2匹。100円ショップの店内で大暴れ、警官が10人も駆けつけたのに2時間たっても捕まえられない。疲れ果てた警官隊は「店に入りこんだのは、おなかがすいて食べ物を探していたのでは？」と気がつく。そこでエサをやってみたら、タヌキは大喜び、あっさり御用になった。

「これはタヌキ対警官隊の大捕物だ。これなら退屈な紙面のスパイスにできる！」と思い、大急ぎで記事を書いて掲載しました。末尾の critter は「動物」という意味の口語ですが、記事のメロディーを整えるために、短いリズムの語を選んだものです。

珍事件は珍事件らしく、ユーモラスに書くと読者に喜んでもらえます。

珍事件ではないニュースの場合でも、新聞記者は「**いろいろなアングル（角度）から事件を見てみる**」**という作業を行い、書き方を工夫**します。英文記者の場合、もしユーモアを込めて書くことができれば、そうしましょう。英語圏ではユーモアが社会の一大ルールなので、堅苦しい記事は読んでもらえないからです。

葉室さんの作品（電子メール応募）にはこんな感想がついています。「たった数行の訳なのにもかかわらず、かなり苦戦しました。でも、プロから見たら...(:—()という顔をされてしまうのでしょう。（涙）でも、がんばったので、ぜひ講評していただきたいです」

葉室作品はうっかりミスだらけ。(mornig → morning、anmals → animals、riotting → rioting、「resistsnce ,but」→「resistance, but」)。ところが文法ミスはなく、構文は正確。どうやら実力はあるが詰めの甘い性格では。rioting（タヌキが「暴動」）とか、タヌキを「urchin」（いたずらっ子）と呼ぶなど、ユーモアを出そうとしており、好感が持てます。

面白い点から書き始める

　課題は日本伝統の起承転結型（結論の「捕獲された」が末尾にくる）で書いてあります。葉室作品は結論から書いてあり、現代英文作法の原則を守っています。

　ユーモア優先などの理由がある場合は、結論は後ろに回して書いて結構です。**結論であれ、ユーモアであれ、一番大切な要素から書き始める**のがポイントです。

　私の記事では、「タヌキが大暴れ」を要点と考えて先に書き、「エサで捕獲」相当部分は落語で言う「落ち」として第2文に置きました。

　兵庫県・山田文乃さんの作品です。"Two wild raccoons were caught by police. A grocery shop in Fukuoka reported to police yesterday morning that the shop was ransacked. Ten policemen rushed there and found two raging raccoons. Police eased them with feed after two-hour struggle and caught them."

　文を短く切ってあるため、分かりやすい作品で、文体もキビキビしています。「タヌキが大暴れ」を raging raccoons（怒り狂ったタヌキ）と訳してあるのを読んで、映画の「燃えよドラゴン」や「ランボー」を連想しました。

タヌキらしいとぼけた記事

　Two wild raccoon dogs stormed inside and seized control of a variety goods shop in Fukuoka yesterday morning, outsmarting for two hours 10 police officers who tried to subdue them.

　That is, until the officers hit upon a good idea: feed the critters.

課題 13

今年、ついにあの弱小阪神タイガースが生まれ変わった。

原文にこだわらず、自由に書いてください

ダイエーファンによる作品

This year, Hanshin Tigers has been born again! Thanks to the manager, Mr. Nomura, Tigers is increasing strength to the point where it'll sweep off its image as being most weak.

――― 松永朋子さん（茨城県）の作品

ポイント

▼ スポーツ記事は楽しく、力強く書く
▼ 「弱い」「小さい」は weak、small ではない

名・迷作続出。阪神戦を実況中継します

スポーツ記事は娯楽なので、ユーモア大歓迎。伊藤サム作品は The Hanshin Tigers, a paper tiger for years, have roared into life.（paper tiger は張子のトラ、みかけだおし）。

課題は愛知県・田中健さんが提案してくれたもので、田中さんは、これを出題すれば「多事争論となりましょう」と予言しました。

まさに多事争論になりました。タイガースへの思い、各自ひいきチームへの思い、投稿作品は興奮しています。

今回はサムの手には負えません。解説にジャパンタイムズ運動部・大村由紀子記者に来てもらいました。モデル訳も彼女の作品です

(doormats は「踏まれてばかり」)。

　大村さん、どんな感想を持ちましたか。

　「みなさんの応募作品を読ませていただいて、大変興味深い体験となりました。それぞれの課題に対する強い熱意がとてもよく伝わってきました」

　では、試合開始です。

　「関西在住のファンとしてこの課題文に言わせてもらいたいことはありますが（たとえば、わざわざ皮肉っぽく『あの弱小』とついているあたり）…。阪神は確かに今年（1999年）は違います。試合が面白い！」（兵庫県・山田文乃さん）。"A baseball team Hanshin Tigers is reborn! This year it really competes with other teams to be the league champion (and might be more). THANK YOU, Nomu-san (a nickname of a coach Mr. Nomura)!!"

　<baseball team であるところの Hanshin Tigers> のように <baseball team> 全体を阪神に係る形容詞に転用した場合は、もう名詞ではない（数えられない）ので冒頭の A を取ります。The Hanshin Tigers, a professional baseball team, ...と同格にしたほうが分かりやすいかと思います。野村「監督」は coach ではなく manager です！ここも同様に冠詞 a は落ちます。

　松永さん（冒頭作品）はどのチームが好きですか。「ダイエーのファンです。今のところ首位ですが、6連敗し、どうなることか…。阪神共々、がんばって欲しいです」

● ● ● ● ● ●

阪神は「弱小」ではない⁈

　「生まれ変わった」は山田作品のように reborn のほうがよいでしょう。born again（広島県・卜部衣世さんなども）には聖書の記述から、「（熱心な信者として）生まれ変わった」という宗教上の意味（慣用句）もあるためです。チームに対してではなく、（阪神狂となった）ファンに対しては使えます。<the manager, Mr. Nomura,> は同格を正確に表現しています（コンマは2つ必要）。most weak の前は the をつけます。

　解説の大村記者、いかがですか。

　「どの作品も楽しいですね。『弱い』という意味で weak を使われた方が

たくさんおられますが、野球の『弱い』を weak とはあまり言わないですね」

　weak は絶対的な虚弱さなので、弱ければもともとプロ野球チームにはなれないですからね。強いけれど他のプロチームに「比べれば弱い（負ける）」ということで、**「弱い」とは lose（負ける）のこと**です。「あの弱小」阪神タイガースという場合は a habitually losing team（負けてばかりのチーム）と言えます。

　「サム先生へ。『弱小』を和英辞典で引くと、文字どおり "small and weak" と書いてありました」（福岡県・吉松晃子さん）。吉松作品は The Small and Weak baseball team in Japan, "Hanshin Tigers", it regained the power like a real tiger this year.

　small と書くと阪神の選手の「体格が小さい」という意味です。 直すと ➡ The Hanshin Tigers, a habitual loser, regained power like a real tiger this year.

　野球記事には**球団愛称を利用したユーモラスな表現**が多用されます。今回も sleeping tiger、stuffed tiger（ぬいぐるみだけのトラ）、cub（トラの子）、prey（えじき）などを使ったしゃれ作品が楽しいです。

　大阪府・尾崎成美さんの作品は Don't call us Cat! で始まります。日本語の猫は弱い感じですが、英語では Cats have nine lives. と言い、強いイメージです。また、tiger に触れている文では cat と書けば文脈から cat は tiger の言い換えにみなされます。トラはネコ科の動物で、cat にはトラを含めたネコ科の動物の総称の意味もあるためです。ライオンもヒョウも cat の一員です。

ジャパンタイムズ運動部作

The Hanshin Tigers, who have been perennial Central League doormats in Japanese baseball, have finally come back to life this year.

課題 14

「**タ**イタニック」のビデオが月曜日の真夜中直後に発売になり、多くの人々が購入のためにこの時間に外出した。この船が沈没し、スターである1人の登場人物が氷のように冷たい海で死ぬことになるのを、人々は皆知っていたのに。

⬇ 文を並べ替えると、映画の予告編のようにドラマチックな文にできるかも

四行詩のようなリズムのある作品

The video of 'Titanic' went on sale just at midnight last Monday,

and this made many people go out to get it at that time.

Even though everybody had known that the ship will go down,

and a star, one of the casts, is going to be frozen to death in the icy cold water.

―― 小口悠紀さん（千葉県）の作品

ポイント
▼ 文を並べ替えると印象が変化する
▼ リズムがある文は強い印象を残す

●●●●●

順番を変える倒置法でドラマチックに

これまで、通常のニュース記事の書き方（結論を先に書く）とユーモ

ア記事の書き方（面白い点から書く）についてみてきました。今回は**読み物記事（feature stories）**の書き方のさわりをお話ししたいと思います。

　新聞に載る報道記事には2種類あります。大部分は「どこで交通事故があって何名がケガをした」といったストレートな報道（straight news）記事で、要点から書き始めます。

　もうひとつの種類が読み物記事で、事件の知られざる一面や背景・全体像を扱う特集ものです（たとえば「日本の交通戦争」連載企画）。読んでドラマ性があることが求められます。そのために通常の味気ない「結論を先に書く」という順番ではなく、小説のように自由に書かれます。代表的な書き方は**主題をシンボリックに示すエピソードを探してそれから書き始める**こと。特異なエピソード（anecdote）で冒頭部分（lead と呼ばれる）をつくるため、こういった書き出しを anecdotal lead と言います。

　小説や映画をつくる際もそうでしょうが、出来事を表現する**順番を変えてみると、そこにドラマ性が浮き出てくる**ことがあります。今回の課題テーマはその基本形で、2文を逆にして書くと意外性を強調したエピソードにできます。

　課題は「タイタニックのビデオが大人気。でも購入者は（以前映画で見て）内容はすでに知っている」ということで、平坦な書き方。**順を逆に**すると、タイタニックの人気が異常であることを示すエピソードになります。「人々はタイタニックの内容はすべて知っていたのだ。それなのに、ビデオが発売されたら大人気だ」。日本でも500万本出荷したそうです。

● ● ● ● ●

音読し、リズムのある文を書こう

　小口作品には感動。音読してみるとリズムがあり、韻を踏んだ四行詩のようです。マザーグース（童謡）はこんな感じなので、詩人としての素質あり。英語はほぼ完璧（just after midnight Monday が正しい）。

　次は福島県・五輪智子さんの作品。Right after midnight on Monday, many people went out. The video of a great movie "Titanic" was sold then, and it made people go to store. Maybe everyone know that the one of character was acted by a movie star die a tragic death in icy ocean in this movie. The Titanic sank on her maiden voyage.

　五輪さんのコメント。「初めて英訳にチャレンジしました。しかし、中

学生には難しかった。文法も何も、めちゃくちゃだと思います。とにかく英語が好きなので、これからもチャレンジしたいです」

　五輪作品は人々が真夜中に外出した、でいったん文を止めてしまうことで、外出理由の説明があるまでにサスペンスが生じて、少しドラマ性があります。

　冠詞などが一部不自然（go to store ➡ go to **the** store**s**, everyone know ...
➡ everyone know**s** that one of **the** character**s** who was acted by a movie star die**s**）ですが、すっきりした文章です。

　兵庫県・山田文乃さんの作品はこうです。Many people went out soon after midnight on Monday to get just released video of a film "Titanic" as soon as possible. Even though they all knew the tragic ending of the film that the ship sanked and one of the characters played by a popular actor was going to die in ice-cold sea, they wanted to share the moment again at home.

　ミススペルがありますが、舌足らず部分を補強した読みやすい文です。山田さんのコメント。「私も Titanic は観に行きました。大泣きしてしまいました。そうです。とくにレオナルド・ディカプリオが演じるジャックがあの冷たい海の底に沈んでいくときに……」

　a film "Titanic" は the film "Titanic" のほうが自然です。tragedy（悲劇）の形容詞は tragedic ではなく tragic が正しいスペル。また、sink の過去形は sanked ではなく sank です。

映画の予告編のつもりで力強く読んでください

　　They all knew that the ship sinks. They all knew that one of the stars dies in the icy water.
　　And yet they all came, just after midnight Monday, as the "Titanic" video went on sale ....

EXTRA

号外

最終奥義は「どんどん書け」

　ジャパンタイムズに入った新人記者が最初に先輩から教わる「英文書き方の最高奥義」は Keep it simple.（シンプルに書け）であると、最初の章で紹介しました。それに加えて、新人研修を終了した最後の段階で伝授する、**うまい英文を書くための「最終奥義」**もあります。

　それは**「どんどん書け」**です。英語の基礎を身につけ、書き方の理論を習ったあとは、実際にたくさん書いてみない限り、書く力は伸びません。下手であってもともかく書き続けることにより、英語の用法の細かい点にまで注意が行き届くようになり、問題意識が高まり脳は活性化。潜在能力をフルに発揮できるようになります。

　本書で勉強する際も、**まず課題だけを見て、自分で必ず作品を書いてください。そのあとで解説を読むと、細かい点まで英語が分かるようになります。**課題を自分で書いてみることをせずに、すぐ解説を読んでしまうと、あまり頭に残りません。考える力がつきません。それは、数学の勉強をする際に、練習問題を自分で解かずにすぐ解答を見てしまうのと同じです。自分の頭で考えようとしないと、解法が分かっても応用力は伸びません。

　この本での学習を終えたあとも（あるいは並行して）、ぜひ書き続けてください。『週刊 ST』では私のコラム「これであなたも英文記者」が長期連載中ですので、こちらへの応募もお待ちしています。

　奈良県・井上ゆみ子さんの応募作品にこんなコメントがついていました。「英作文は苦手なので、（応募は）いい練習になると期待しています。きっと、たどたどしい英語なんだろうなあ、と分かってますけど、**それを認識するのが第一歩ですよね**」

　このコラムに応募することは、自分ひとりで英作文を勉強するのとは質的に違います。自分が書いた英作文を英字新聞の記者が読み、そして全国に紙上公表してしまうかもしれない、ということですから。ちょっとの勇気を出して気楽に応募してください。

Chapter 5

新語を英語にするコツ

課題 15

厚底サンダルって、チョー可愛いカンジ。でもねー、歩くときチョー危険

コギャル言葉です

歩くとき転倒しやすくチョー危険な作品

I think platform sandal is too cute, but it is very dangerous to walk.

——— 戒田英子さん(岐阜県)の作品

ポイント

▼ 英語にもコギャル語らしきものはあるが、男性も使う
▼ 英語では単数複数の区別を忘れてはいけない（sandals）

「チョー」って、like、so 難しい!

「こういうのって、チョー難しいですね。英語にもコギャル言葉とかあるんでしょうか」（兵庫県・植田結花さん）

girlie（女の子っぽい、コギャルな）表現はあります。しかし男性も使います。**日本語と違い、男女の語は分化していません。**

「チョー」（超）を直訳すると super や ultra ですが、これらでも通じます。意訳すると very や really が使えます。

実際には very を意味するだけではなく、会話のリズムを整えたりする機能もあるようです。米国での **「チョー」表現には so や totally** があります。「チョー」が「ー」と伸びるのと同様に、so はソウでなくソーと伸ばし、totally はトウタリィでなくトータリィと伸ばして発音されます。この強調発音を表現するために、sooooo、so-o-o-o、so-oo、SO などと**便宜的なスペリングを即席に作って使うことがあります。**もちろん辞書には

載っていません。

「〜カンジ」も直訳すると I've got a feeling 〜ですが、実際には「〜カンジ」にあまり具体的意味はなく、断定回避やリズムのため、同世代同士のきずな確認のために使うように思われます。意訳してつなぎ表現の you know（原義「ご存じのとおり」→「〜ね」などに相当）としてもよいでしょう。

ちなみに I've got a feeling that platform sandals are so cute. とするとチョット不自然なカンジです（cute という単語がすでに feel という意味を内包しているので冗長）。Platform sandals are so cute. なら自然です。

米国の若者は「〜, like, 〜」（〜なカンジー、〜ってゆーかー）を意味なく発言のあちこちに挟み、独特のリズムで話します。

これら若者言葉の like, so, totally を総動員したサムの作品: Platform shoes are, like, so-o-o-o cute. But, you know, walking with those shoes on is to-o-otally dangerous.

● ● ● ● ●

英語と訳語（日本語）は似ていても大違い！

冒頭の戒田作品は危険。厚底サンダルを片方しか履いていないからです！　歩行自体が困難だと思います。

sandal も shoe 同様に、単数では履物の片方のみを指します。一足を指すのであれば (a pair of) platform sandals としましょう。**日本語（訳語）では単数に思えても、英語では複数形である語句はたくさんあります。** pants、trousers（ともにズボン）、glasses（メガネ）などです。

戒田作品での too は、ここでは very や extremely と同じ意味。作品の意味は「厚底サンダルの片方ってとてもかわいい、でもそれ（サンダル片方）が歩くのはとても危険」（「歩く」の主語は人間ではなくサンダルと解釈できます！）。「厚底サンダル**で**（を履いて）歩く」は walk **in** platform sandals ですから、この作品末尾には構文上、in が必要です。➡ I think platform sandals are too cute, but **they** are very dangerous to walk **in**.

危ない例をもうひとつ。How pretty platform sandals are! But, how dangerous they are when I walk putting on them!（岩手県・照井修子さん）

put on（履く）は履物をこれから身につける（足を突っ込む）動作のこと。つまり、せっかちな照井さんは厚底サンダルを「履こうとしながら、

歩いている」わけで（足を半分突っ込んだままスタスタ?)、まことに危険。➡末尾を when I walk in them に。

　put on に対して、wear は「身につけている」「(現在すでに) 履いている」状態を表す語。「履く」「着る」という意味において put on (動作) と wear (状態) との区別が日本語でははっきりしないために誤訳しやすいので注意してください。照井作品末尾を wear を使って書くと when I walk wearing them となります。

　以下はすべて優秀作品です。「コギャル風にしてみました」という広島県・三谷法子さん: Platform sandals are kinda super cuuute! But, look, they're also totally dangerous, too, when you're walkin'.

　静岡県・岡崎玲子作品: Platform sandals are, like sooo cute. But ya know, walking in them can be way dangerous.

　厚底サンダル platform shoes の platform は「平らに盛り上がったもの」が原義。これに対して、ハイヒール (high-heeled shoes) の場合はつま先は低く、かかとのみがぐっと高くなっているものです。

NOODLES
GWEN MURANAKA

I SUPPOSE PLATFORM SHOES CAN BE SENSIBLE — IF YOU'RE IN THE MIDDLE OF A TYPHOON!

YIKES!

ジャパンタイムズに掲載されたマンガ

最優秀作 東京都・柳ヶ瀬逸子さんの作品

Platform sandals are, like, so cute, but when I walk, they are, like, so dangerous.

課題 16

おっはー。私はパラパラが大好きな 17 歳です。シドニー・オリンピックで銅メダルをとったけれど、めっちゃ悔し〜い。

2000 年の「日本新語・流行語大賞」(自由国民社など主催) 受賞語を並べた、架空の文です

米国で暮らした女子学生による本場コギャル語

Morning! I'm seventeen and LOVE para-para dancing! I've won a bronze medal in Sydney Olympics, but, oh, I could just die!

――― 矢島綾子さん(東京都)の作品

ポイント
▼ 新語は、意味をよく理解してからシンプルに訳す
▼ 訳語ではなく、文全体で新語のニュアンスを表現

うまく訳せず、めっちゃ悔し〜い

　新語・流行語などの正確な訳出はプロにも困難です。初心者は**シンプルに訳すのが無難**。背伸びをして「うまく」訳そうとすると、かえって**ニュアンスがずれる**危険性が大です。「おっはー」は Good morning! でも十分でしょう。ニュアンスは、訳語ではなく文全体で表現するテクニックもあります。

　米国から帰国したばかりの矢島さん(当時中学 3 年生)の作品は息使いがリアル！「めっちゃ悔し〜い」を I could just die! としたのには息をのみます (I'm so disappointed I could just die! を略した表現)。love を強調するために大文字で書いた (I LOVE =「大好き！」) のは私信で広く行

われているインフォーマルな書き方です。正式文法ではないため、入試の英作文で LOVE と書くと減点されます。受験生はご注意ください。

矢島作品の唯一の弱点は文脈。「銅メダルをとったけど、死んじゃいそう!」は、銅メダルがうれしいのか不満なのかがあいまい。I could just die! は I'm so happy I could just die!（銅メダルがうれしくて死にそう）の略である場合もあるでしょう。不満であることをはっきり書くと➡ Morning! I'm 17 and I LOVE para-para dancing! I won **only** a bronze medal at the Sydney Olympics. I could just die!

● ● ● ● ● ●

同一ニュアンスの新語はまずない

新語・流行語というものは、それまで存在しなかった概念・ニュアンスを表すので、日本語で説明するのさえ大変です（たとえば「おっはー」を他の日本語でぴたり置き換えるのは不可能）。まして英語でぴたり一致する単語はありません（たまたま英語圏でも同様の新語が存在するケースはある）。初心者はシンプルに知っている語句で訳しましょう。

埼玉県・寺前裕子さんの「おっはー」は"Good-Mo!"です。「おっはー」の性格（「おはよう」をはしょっている・リズムが楽しい）を考えて、英語の Good morning. を同様に省略、! をつけて楽しさを表現したもの。印象的な造語です。「これは楽しくていい!」と感じるネイティブも多いでしょう。しかし一般的な文章で使うには無理があります。こういう表現は英語に存在しないので、いちいち「これは造語です」と説明しないと分かりにくいでしょう。真面目な人は「なんだこれは! こんなの英語じゃないぞ」と苦情を言うかも。

「英会話スクールのある講師は『おっはー』がお気に入りです」（岐阜県・野澤千春さん）。ネイティブ講師が「おっはー」だけわざわざ日本語で言うのは、英語に同一ニュアンスのあいさつがないため。**パーフェクトな英訳はもともと不可能な表現**です。スラングでも同じようなニュアンスのものはありません。

「おっはー」（朝のテレビ番組での造語）に近い言葉はいろいろ考えられます。「おはようございます」（Good morning.）を短くしたものという特徴から考えれば、Morning! が可能。ただしこれはぶっきらぼう（Good の部分を言うのが面倒ではしょったもの）。Good morning! を実際の発音通

りに G'mornin'!（東京都・戸根由紀恵さん）とスペルするケースがあり、これも可。Hi! や Hello! も、伸ばして陽気に発音すれば感じが出ます。

とても明るい「オハヨーーー!!!」と解釈すれば、なんとベスト訳は**シンプルな Good morning!**（Good を強調発音）。じつは「おっはー」に近い有名な表現があります。ベトナム戦争のころ、現地の米軍ラジオ放送で、ある DJ が使ったものです。番組冒頭で Goooooooooood morning, Vietnam!と叫び、Good をえんえんと 20 秒も伸ばしました。「オハヨーーー!!!、ベトナム（で従軍する若い兵士たち）よ」といった感じ。"Good morning, Vietnam"というタイトルで映画化されました。「おっはー」でも「はー」がかなり長く発音されるので、よく似ています。

「パラパラ」(para-para) は日本生まれ。盆踊りと竹の子族が源流らしく、集団でビートに合せてパラパラ?と素早く踊ります。I like para-para **dance**. は踊るのが好きなのか、踊りを見るのが好きなのかが不明。➡ danc**ing** とすると、自分が「踊ること」が好き、と明確な文になります。

「めっちゃ」は「チョー（超）」の最新版で、シンプルに訳せば very、really、deeply など。よく似た口語（**so** や **totally**）があり、o を多少伸ばして発音します（め「っ」ちゃ、チョ「ー」の雰囲気）。

「銅」メダルは **bronze medal** です。銅 copper が主原料ですが合金（青銅）であるため。

「悔しい」は、金（や銀）を他の選手に取られたフラストレーションと解すると I feel so frustrated. が近いでしょう。I came so close to wining the gold. も可能。なお、disappointing は他人ごとのようなニュアンス（残念でした）。chagrin、mortify や regret などを使うのは可能ですが、課題のような口語ではありません。

新語は素直に訳し、全体をコギャル風にしたワ

Good morning! I'm 17 and I love para-para dancing. I won a bronze medal at the Sydney Olympics, but I'm so-o-o-o frustrated that I didn't win a gold medal.

課題 17

『だんご3兄弟』が大ブレイクしている。

タンゴ調の童謡です。この歌を知らない外国人にも分かるように、解説しながら書きましょう

英文替え歌として使えそうな楽しい作品

　Strangely, the song was made for little children is very popular in Japan now.

　Yes, that is "dango-sankyoudai".

　This CD sold like hot cakes, and it became the best seller.

　"Dango, dango . . .". Everywhere is dango now.

———— 五輪智子さん（福島県）の作品

ポイント

▼ カタカナ新語は直訳すると危険。その定義を訳す
▼ 素材が童謡なので、英文でも詩的で楽しい作品に

● ● ● ● ●

「話題の新語」に敏感になろう

　「『だんご3兄弟』をまさか週刊STで見るとは思わなかった（笑）!! 今や、コンビニに行こうが、本屋に行こうが、ありとあらゆる場所で流れてる大ヒット曲ですが、知っていても英語で説明するのは難しいですね」（広島県・台川久美さん）

　英文記者は新語には敏感です。話題の新語が登場すると、やがて自分が訳さなくてはならない場面がやってきます。新語に出合ったら「これはどんな意味だろう、英語ではなんと言ったらいいのかな」と普段から問

題意識を持っておきましょう。

『だんご3兄弟』は「NHK おかあさんといっしょ」の1999年1月の歌です。流行スピードが急激で、CD発売から2か月で380万枚売れるという「大ブレイク」でした。

『だんご3兄弟』は The Three Rice Dumpling Brothers が標準的でしょう。英語での順序は「だんご3兄弟」ではなく「3だんご兄弟」となります。「Rice Dumpling Brother」（だんご兄弟のうちの1人）という表現がまず核としてあり、それが3人いる、という構造です。

だんごは英語圏にない食べ物なので、説明的に訳すと rice dumpling。dumpling は本来は flour ball（小麦粉の玉）の意味。くどいと思えば rice は略して単に dumpling でも通じるでしょう。

「（大）**ブレイクしている**」は英語にヒントを得た新語。**多くの外来語はもとの英語とはニュアンスが違うので、直訳は避けましょう。**「すでに流行しており、さらに大ヒットになりつつある」と解釈すれば、現在完了で **has become a smash hit**、または進行形で **on its way to becoming a huge hit** などと訳せます。smash hit を使うのがニュアンスが近いですが、megahit なども可能。イディオム（「大流行」）を使えば "Dango San Kyodai" is all the rage.（岩手県・照井修子さん）とできます。

● ● ● ● ● ●

楽しい歌だから、楽しい英文にしよう

歌という題材にふさわしく、詩的なリズムがあるのが五輪作品です。

「"sell like hot cakes" で、"飛ぶように売れる" という熟語になるなんて…。英語は面白いですね」（五輪さん）。楽しみながら書いたようですね。だんごはお菓子なので、連想して cake を使ったユーモア作品。

冒頭に **the** song とあります。the は「前出の、先ほど説明したアレ、例のもの」という意味（**the は読者もすでに知っている特定の1つか1群のものを指す**）です。初登場には a（読者にとって不特定）、2度めに登場するときには既知（読者が1つに特定できる）なので **the** を使います。つまり最初は **a** song、そして2度めからは **the** song（この歌は有名なので、感性的には最初から the を使いたい気持ちは分かりますが）。

第1文は「子供のために作られた歌が（大人気だ）」と言わんとしているので、the song was made for little children（その歌は子供のために作ら

れた）では意味がずれてしまいます。a song (that was) made for little children（子供のために作られた歌が）と、全体を名詞句にしてから is very popular につなげます。

　後半、it became the best seller とすると、the は「最高の、唯一の」というニュアンスになります。なぜかと言うと、best seller という語句が**初出なのにもかかわらず、既知特定を示す the を使ったため、「私（書き手）がどれとは言わなくても、（ナンバーワンだから、唯一だから）自然にどれのことかあなた（読者）に分かる」**ものと解釈されるため。➡つまり唐突に書かれた the best seller とは the No.1 best seller のこと。なお best seller だけでは「よく売れているもの」「ベストセラー」ということで、best という語が使われていても、それだけでは No.1 という意味はありません。

　実際の状況から判断すると、この歌のほかにもベストセラー曲がいくつかあったので、正確に形容すると **a** best seller　（よく売れたものの１つ）。

　五輪作品をアレンジすると「だんご３兄弟」の英文替え歌として使えそう…♪

This song was made for little children.
And it's very popular in Japan now.
Yes, that is "dango-sankyoudai."
This CD sold like hot cakes. It became a best seller.
"Dango, dango . . . ." Dango is everywhere now.

解　説しつつ書き、ユーモアで味付けした文

　The "Three Dango (Rice Dumpling) Brothers," a children's song set to a tango beat, is dancing its way across Japan. It has become a smash hit overnight.

課題 18

交際中の女性に「別れたくなかったら援助交際で稼げ」と強要したとして、警察は昨日、東京都内に住む少年(14)を逮捕した、と発表した。

実話です

「援助交際」の本質をついた女子高生の作品

Police announced that they had arrested a 14-year-old boy lived in Tokyo. The boy forced his girlfriend to earn some money by prostiting herself, what's called "Enjokosai", if she doesn't want him to make their relation break.

―― 中谷美文さん（神奈川県）の作品

ポイント

▼ 言葉の外観にとらわれず、その実体を判断して訳出
▼ 外観を生かして訳す場合、誤解されないように注意

「援助交際」を訳せればプロ並み

　新語英訳でまず大切なのは、正確な意味を把握することです。**おしゃれな新語は言葉の見かけとその意味とが一致しない**ことが多いので要注意。

　新語を訳せるようになれば、変化していく社会について英語で柔軟に表現できるようになったわけで、英語力は翻訳家並みになったと言えるでしょう。

　援助交際は**「高校生売春」のおしゃれな婉曲語**と思われます。私は

teenage prostitution などと訳しています。

　新語の訳出法は3つあります。(1) 相当する表現が英語にあれば流用する（この場合はない）。(2) 新語をその**定義に言い換えて英訳**する（たとえば paid dates that often include sex）。(3) 新語が使われている**「状況そのもの」を訳出**する（prostitution）。どの方法を使うかは場合によります。

　読者代表として、援助交際が問題になっている世代の中谷美文さんの作品を紹介しました。彼女は16歳の高校生です。(3) の方法で「売春」と意訳しており合格です。"prostiting herself" はミススペルで、正しくはprostituting herself（売春する）。

　「東京都内に住む少年（14）」を "a 14-year-old boy liv**ed** in Tokyo" として、過去時制に一致させてありますが、今は東京には住んではいないと読めてしまうので、a 14-year-old boy who live**s** in Tokyo あるいは a 14-year-old boy **of** Tokyo とします。この **of** は住所・所属を示します。

● ● ● ● ● ●

言葉の魔術：「援助交際」は交際ではない

　「援助交際」は1980年代前半に性風俗の世界で使われだした言葉で、新聞に登場したのは94年ごろ。日本での「テレクラ」出現と結びついており、英米には相当する言葉がありません。女子高校生が「おこづかい」を「援助」してもらう代わりに男性と「交際」するということでしょう。

　これは「交際」であり、もらっているのは「おこづかい」にすぎないという気安さから、援助交際をする女性が増えました。この**新語が人間の心理に与えた影響**を説明してくれたのが、東京都・稲葉八興さんです。"Enjokosai," one of social problems with teenage girls, is a newly-coined word corresponding to prostitution but does not sound like a crime because of its milder expression.

　この罪意識軽減効果を崩そうとしたのが大阪府警。97年に**「援助交際は売春です」**と大書したポスターを作り、意識改革キャンペーンを行いました。

　兵庫県・山田文乃さんのコメント。「この事件は、テレビや新聞でも大きく取り上げられていましたね。本来は『援助交際』イコール売春ではなく、確か性交渉を持たないお金の受け渡しも含まれていたと思います。しかし、この事件の場合女性がしていたことはいわゆる売春なので、

prostitution と訳しました」

　ご指摘のとおり、新聞に犯罪事件として載る種類の「援助交際」は完全な売春です。

　これとは別に、「援助交際」のもつマイルドな響きを残しつつ訳出したいケースもあるでしょう（小説など）。paid dates や compensated dating（お金をもらえるデート）などと訳せます。

　ただしこの場合は、「デート」（交際）としか書いてない（売春＝性サービス提供には触れていない）ので、あいまいな訳文となります。課題文のようにはっきりと売春なのにソフトに訳した場合、それを読んだ英米人は「ガールフレンドを他の男とデートさせて料金を取る程度で、日本の警察は人を逮捕してしまうのか」と思うでしょう。

　このほかに考えられる訳は、dating in return for money or presents、going out with men in return for money or presents、high school girls dating men for money などです。

　課題には引用符で囲んだ「別れたくなかったら援助交際で稼げ」という箇所があります。英語では多くの場合、**引用符（" "）を使わずに訳したほうが自然**です。

　日本語では引用符は、助詞の「〜と」などと組み合わせて柔軟に使います。新聞記事では、少年がこの通りの発言をしていてもいなくても引用符を使います。臨場感が出て、複雑なことも短く表現できるためです。英語の引用符には、発言を厳密に引用する場合など、限られた用法しかありません。日本語と同じ箇所で引用符を使うと、読みづらくなることが多いのです。

「援助交際」を誤解なきように訳出した文

Police said yesterday they have arrested a 14-year-old Tokyo boy on suspicion of coercing his girlfriend into prostitution by threatening to leave her.

課題 19

このクラスはたびたび学級崩壊を起こし、いじめもある。

学級崩壊（児童が先生の話を聞かず、授業にならないこと）は新語で、定訳はありません

先生の卵が書いた、ちょっと意味が違う作品

This class is sometimes on the verge of collapse. Teachers can't conduct a class. There are also some bullyings.

——宮内寛子さん（静岡県）の作品

ポイント

- ▼ 英語では日本語ほど決まり文句を使わない
- ▼ 抽象名詞の意味と日本語訳語とにはズレがある

外国では学級崩壊どころか学校崩壊も

「学級崩壊は外国にもあるのでしょうか？ 定訳がないということは、それほど大きな問題ではないのだろうな…とも思いますけど」（神奈川県・寺居明香さん）

欧米でも授業の不成立は大きな問題で、児童が授業に関心を払うようにする試みが続けられています。たとえば1999年6月に米ルイジアナ州議会は、幼稚園児から小学校5年生（5th graders）までに対し、先生を sir、madam など敬称で呼ぶよう求める法案を可決しました。また米国では銃の乱射・麻薬といった校内犯罪が、より深刻な問題になっています。

日本語と違い、**英語は決まり文句をあまり使わない（1つの現象に対して複数の表現を適宜使用する）**という特徴があります。定訳はなくても授

業の不成立は大きな問題です。「学級崩壊」に似たものとしては unruly students（手に負えない生徒たち）、chaotic classroom、disruptive class（ともに「授業の混乱」）などの表現があります。

「学級崩壊」の定義を見ましょう。1994年に東大阪市で初めて使われた言葉とされています。厳密には、「**小学校で児童の立ち歩きや私語などで授業が成り立たなくなる現象**」。中学校以上でも授業は崩壊しますが、小学校ではひとりの先生がほとんどすべての科目を教えるため、ひとたび児童がクラスの担任に反乱を起こすと**個々の「授業」どころか、「学級」全体が崩壊してしまうという壊滅的な特徴を強調した言葉**です。たとえば classroom chaos at elementary schools と表現できます。

「崩壊」という言葉を生かして collapse を使って訳す場合には、たとえば "collapsed classes" と引用符つきで書いてから「unruly and inattentive pupils（荒れていたり、授業に関心を払わない児童たち）のことを指す」と説明をつければよいでしょう。説明なしで collapsed classes と書いてしまうと、いくつかの教室が大地震で崩壊したと誤解されるかもしれません。

なお、**student は主に中学校以上の生徒・学生**のこと。**幼稚園・小学校の「児童」は pupil** です。

● ● ● ● ●

日本語と英語の名詞概念の違いに注意

「サムさん、今日はうれしいお知らせです。教員採用試験の1次に合格しました… 今週の課題が『学級崩壊』に『いじめ』ですか…。人ごとでないだけに身につまされます」

宮内さん、おめでとうございます！ では合格祝いに添削します。文法はパーフェクトです。collapse は、すべてが短時間に、いっぺんにドスンと崩壊するニュアンスです。原語の定義から考えると、**chaos に替えれば学級「全体が」バラバラという感じが出ると思います**。can't conduct **a** class は「1回の授業」のみができないという意味にすぎないため、学級崩壊ではありません！ a を取り除き class（「授業をすること」という抽象名詞）にしましょう。**a があるとないとでは意味がまったく違います**。

bullying（いじめること、いじめ） は、まずは抽象名詞（不可算名詞）として認識されることが多いので、some **cases of** bullying とすると自然

です。

　大阪府・小伏喜代子さんは「『家庭崩壊』が "family disruption" と辞書に載ってい」たことから連想して学級崩壊を class disruption としました。disruption（混乱させること）は児童がたったひとり騒いでも disruption になるので学級崩壊（全員が先生を無視）とはやや違う概念です。

　英語で学級崩壊を定義してみると（小林作品の一部を添削したもの）こうなります。"Gakkyu-hokai" is a situation in which teachers are unable to give lessons because children act as they please, refusing to pay attention to their teachers in class.

　なお、教育問題では discipline（先生の指示に従うこと、規律）という言葉もよく使われます。breakdown of classroom discipline も学級崩壊に相当します。

　ちなみに、さきほどの「家庭崩壊」は現代では dysfunctional family（機能不全の家族）がよく使われます。

Zero Gravity　　　　　　　　　　　　　　　　By Roger Dahl

ジャパンタイムズに掲載されたマンガ

モデル訳

This class is often out of control, and some pupils have bullied their classmates.

課題 20

「iモード」は、携帯電話でインターネットに接続できるサービスだ。契約者数が8月初めに1000万人を突破した。身近なIT革命だ。

小文字で始まる新語（i-mode）の扱いは、やっかいです

文が小文字で始まらないように工夫した文

The number of subscribers of "i-mode", the service you can access to the Internet from mobile phone, exceeded 10 million early August. It's a feel-close-information technology revolution.

――― 石井秀幸さん(埼玉県)の作品

ポイント
▼ 文が小文字の固有名詞で始まらないように、構文を工夫
▼ 「身近なIT革命」を分析し、言わずもがなを補って訳出

革命は身近ではありません

日本語は詩的なあいまいさが多く、短いのに完全な意味を持つ詩（俳句や短歌）が発達しました。**英訳では、日本語で言わずもがなになっている部分を補う必要があります。**

revolution（革命）は、「身近」なものではありません。「身近なIT革命」を直訳すると矛盾した表現になります。➡言わずもがなを補って書きましょう。

revolution は、津波のように巨大で急激な変化です。「身近」なのは、この津波全体ではなく、その一側面にすぎません（ここではiモード）。

➡ i モードは私たちにとって「身近な、IT 革命（の一例）だ」と訳出。身近なのは IT revolution（単にこう書くと革命全体を指す）ではなく、そのなかの an aspect や an example です。

なお IT 革命の **IT は information technology**（情報技術）。契約者は subscribers です。

直訳作品の 1 つが It is the IT Revolution that we can experience at hand.（愛知県・澤村宜樹さん）。電話は hand に持つものであるため、「身近な」の訳語として熟語の at hand（手の近くに）を選んだおしゃれ作品。舌足らずを補うと➡ This is **one aspect of** the information technology revolution that touches our daily life. 後半は affects our daily life、touches our personal life などとも言えます。

「身近な」はいくつもの意味を持つ便利であいまいな語。意味に応じて close、intimate、friendly などと訳し分けます。課題での意味（日常の生活にも影響がある）は、英語では表現しにくく定訳はありません。a familiar example of the IT revolution（北海道・千葉洋子さん）や意訳の It has revolutionized our daily life.（東京都・加治隆さん）も結構です。

冒頭の石井作品は構造がしっかりしています。課題をそのまま訳すと**文頭が小文字になってしまう問題を回避するために、構文を変えて、先に他のことから書き始める**というテクニックを使用しています。近年は i-mode や e-commerce（電子売買）のように小文字で始まる単語が急増。とくに NTT が命名した i-mode は、固有名詞なのに小文字 i から始まります（i は「私」の I や Internet の略）。すると文頭に来る場合は I-mode とせざるを得なくなり、固有名詞が正しく表記されなくなってしまいます。

石井作品で冠詞などを直すと➡ The number of subscribers **to** "i-mode," the service **with which** you can access the Internet from a mobile phone, exceeded 10 million **in** early August. It's **an example of** the information technology revolution.

「（1000 万人）を突破した」は exceeded 10 million や reached 10 million のほかに、topped 10 million、topped the 10 million mark（1000 万の大台を突破した）もよく使います。覚え方は、「『突破した』と topped が偶然にも似た発音になっているのに気付きました」（熊本県・柳原三男さん）。

人は数とイコールではない

三重県・竹馬末男さんは The number of the subscribers were over 10 million persons at the beginning of August. ➡ The number of subscribers topped 10 million at the beginning of August.

原文「1000万人」の「人」を直訳した作品が多くありましたが、骨格が The number ... were ... persons...（数字は...人間だった）というイコール構造になってしまい不自然なので persons を削除。埼玉県・木村雅江作品: the number of subscribers exceeded 10 million people. ➡ people を削除。数字は人間を超えることはできません。

携帯電話は cell phone と書くのが主流。正式には cellular phone（セルラー方式の携帯無線電話）で、略して cell phone または cellphone です。portable phone（携帯できる電話）は日本の PHS 方式の電話を含み、mobile phone は自動車電話も含む上位概念。

ちなみに、**persons（複数）という言葉（「人員」）には人間味がないので温かい語感の people が好まれます**。people のイメージは「人＋人＋人＋…」で、たとえば「安井さんと山本さんと野田さんと稲葉さん」（これらの文字ではなく、生身のこの方たち）のこと。

ちなみにジャパンタイムズの i モードサイトは www.japantimes.co.jp/i/ です。

広告コピー風に書いてみました

A cell phone service called i-mode enables users to get access to the Internet. The number of subscribers topped 10 million in early August. The information technology revolution is at our fingertips.

EXTRA

号外

とても恥ずかしかった新語

　ジャパンタイムズの記者をしていると、いろいろな新語に出合います。そのなかで強い印象を残しているのが1998年初頭に登場した**「ノーパンしゃぶしゃぶ」**。とにかく恥ずかしい珍語でした。ジャパンタイムズにはテレビ局から「番組で紹介したいのでどう英訳したのか教えてくれ」という問い合わせもありました。

　一言でいうならば、a "shabu-shabu" beef dish restaurant with pantyless waitresses とできます。a gourmet restaurant where skimpily clad waitresses wear no underwear も可能。

　この年の1月に最初の逮捕者が出て以来、大蔵省（現財務省、ともに the Finance Ministry）と金融業界を揺るがした「接待汚職」で、その接待の悪質さのシンボルとなったのが「ノーパンしゃぶしゃぶ」でした。

　1981年前後にはやった「ノーパン喫茶」の変型です。「ノーパンしゃぶしゃぶ」にはお役人が権力を利用して甘い汁を吸っている語感があり、新聞の社会面や週刊誌でひんぱんに使われました。

　しかしジャパンタイムズでは訳しにくいのと、お下品なため、簡単に触れられたのを含めて3回しか登場していません。うち2回は、大蔵省汚職事件の報道の一部として大真面目に登場。3回目は通信社電（日本語）の情報をもとにユーモラスな記事を掲載しました。

　このユーモア記事は女性記者が書いたもの。彼女はまず社のデータベースにあたったが、「ノーパンしゃぶしゃぶ」のうまい英訳名がありません。そこで社会面デスク（私）とカナダ人校正記者との3人で訳し方を議論しました。

　これは下着をつけない女性従業員による接客を売り物にする東京・歌舞伎町の会員制しゃぶしゃぶ料理店のことで、1人あたり3万円もかかるそうです。その後、公然わいせつ罪で関係者が逮捕されました。

　議論の結果、「panty をはいていない waitress が shabu-shabu という beef dish を出す restaurant」と訳すことになりました。

「ノーパン」の訳出が難題

　「ノーパン」をどう訳すかがポイント。単に no-panty では「パンティーがない」というあいまいな意味にしかならず、正確な訳とは言えません（一度、どういうレストランであるかを説明した後の文脈ならかまわない）。記者にひらめきがあり、panty**less** という造語を作って解決しました。

　この記事は5月11日付紙面の第2面に掲載。佐賀県鹿島市の有明海干潟で行われた珍イベント、ガタリンピックを紹介したものです。競技種目の一つが大蔵省汚職を皮肉って、泥だらけの浅瀬に放り投げられたハンドボールをノーバウンドで取る「**Oh クラッ**！ノーバンジャブジャブゲーム」というものです。

　以下は記事冒頭です。

KASHIMA, Saga Pref. — The idea of being served a "shabu-shabu" beef dish by pantyless waitresses at a so-called "no-pan-shabu-shabu" restaurant in Tokyo's Kabukicho has surely attracted more than a few Finance Ministry officials. But a dirty game of "no-ban-jabu-jabu" handball attracted even more people Sunday as thousands flocked here to poke fun at the ministry officials and a scandal that has plagued the bureaucracy.

Chapter 6

日本人に共通するミス ①
──その単語、ホントの意味は？

課題 21

彼はレンタカーを借りた。彼女は彼のペンを借りている。さっき彼の携帯電話を借りた。

「借りる＝borrow」と単語丸暗記式で覚えた人には難問です

単語丸暗記式で強行突破をはかった例

He borrowed a rental car. She has been borrowing his pen. And she borrowed his cell phone a little while ago.

────大木雅志さん（千葉県）の作品

ポイント

▼ borrow＝「タダで借りて持って行く」（有料は rent）
▼ 電話やトイレを「借りる」の実体は use

「借りる」で大笑いされないように

「以前カナダへ行った時、May I borrow your washroom?と尋ねたら、Don't take it away!と言われ、**動かせないものには使えない**と大笑いされましたが、Ａ社の辞典にはこの用例が載っていました。地域によって違うのですか」（北海道・安井久美子さん）

　Ａ社辞典の用例は単なる誤訳で、苦笑です。

　日本語の「借りる」は万能語で、いくつかの意味をあわせ持つあいまい概念。「借りる」とは他人のものを使用（use）すること。有料（rent）でも無料（borrow）でも、すべて「借りる」が使えます。英語では**「借りる」と意味が一致する語は存在せず、場面に応じて訳し分け**ます。英文和訳では「borrow → 借りる」で支障はないですが、**逆の「借りる → borrow」は必ずも真ではありません**。英作文や英会話では単語丸暗記式

は危険です。

　端的に言うと、**「借りる」は use に近く、borrow は take に近い**です。

　borrow とは友人から本を借りるという場合の「（タダで）借りる」。他人のものを「take や receive」（取って相手から自分のところに**移動**させる）ことを指します。所有権までは取っていないので、あとで返却することが前提です。通常は無料で借りることを指します。

日本式英語では貸してもらえません

　トイレや加入電話は「借りる」とはいっても自宅に持ち帰れるわけではなく、実体は「使う」（use）。**使用行為は移動したり返却したりはできないので borrow は使えません**。

　したがって「トイレを借りて（使って）いいですか」は May I **use** your bathroom? などと言うのが正解。安井さんの May I borrow your washroom? とは「あなたの家のトイレを持って行っていいですか」。

　「よくある間違いとして『電話をお借りしたいのですが』を "May I borrow your telephone?" とするものがあります」（東京都・大石隆一さん）。この言い方では、他人の電話を取り外して自分の家に持ち帰るニュアンスになってしまうわけですね。電話で「借りる」のは電話そのものではなく「電話をかける、通話をする」行為の許可を求めているわけで、正しい借り方は May I **use** your telephone?

　ただし、大石さんも指摘されましたが、近年では携帯電話（cell phone）が登場したので、電話を use する（通話する）だけではなく、モノとして borrow（他人の携帯をひょいと移動させて自分の手に持って使う）と表現することも可能になりました。

　冒頭作品の文法は満点です。しかし何でも borrow したがる大木さんはカナダでトイレを借りたら「大笑い」組でしょう。貸してもらえないかも。

　He **borrowed** a rental car. は「レンタカーを**タダで借りた**」。親友がレンタカー会社を経営していて、タダで貸してくれる場合はこれでも結構です。そうでない場合は賃貸料を払って借りる（rent）ので He rented a car.（鹿児島県・有馬佳世さん）とします。**rent はレンタカー、アパートなど期間ごとに賃貸料を払う**ことです。これら以外にも「借りる」には多様な訳語があります。なお、例外として He borrowed some money from the bank. は利子を払いますが borrow を使います。

　第2文「彼女は彼のペンを**借りている**」（借りて現在も手元に置いている、まだ返していない）は、英文として最も自然なのは**現在完了**の She has borrowed his pen.（沖縄県・仲嶺美香さん）。単に borrowed（過去形、「借りた」）でも可です。

　直訳した She is borrowing his pen.（東京都・渡辺和子さん）は話し言葉では課題の意味として使うことが可能。ただしあいまいな文で、文法的には現在進行形なので、「たった今借りている最中である（今まさに彼のペンを手に取りつつある）」と解釈することも可能な文です。

　She borrows his pen.（京都府・松田曜子さん）は「彼女は彼のペンを借り**る**」という、未完成な文章です。

　柔軟に訳した北海道・斉藤芳枝作品（優秀作）は He rented a car. She is using his pen. She talked over his cellphone just now.

　「彼女は彼のペンを借りている」は She is writing with his pen.（神奈川県・豊田孝子さん、大阪府・川上美紀さん）も可能です。

　課題第3文は「誰が」借りたのかがあいまいなため、主語は「彼女」としても「私」と解釈しても正解です。

　「借りるには borrow、rent、use といろいろありますが、全部 use でよいのでは」と言う東京都・堂山麻由美さんは He used a rental car. She is using his pen. I used his cell phone a little while ago. と書いて実証しました（一部添削）。

正しく借りた鹿児島県・大竹悦子さんの作（一部変更）

He rented a car. She has borrowed his pen. She used his cell phone just now.

課題 22

宇宙に誰でも行ける時代になった。外国の友達と一緒に月に行ってみたい。

第2章にヒントがあります

「宇宙」に対する壮大な誤解

Time has come when anyone of us can go to the universe. I feel like I could go to the moon with my friends overseas.

―― 竹中一さん(愛知県)の作品

ポイント

▼ 日本語と違い、英語では「宇宙」が数種類ある
▼ 「誰でも」もいろいろある。everyone はていねいな表現

今明かされる宇「宙」の不思議…

世界初の space tourist(宇宙観光客)となった米富豪デニス・チトーさんは「宇宙はパラダイスだった」との感想とともに無事帰還しました(2001年5月6日)。

宇宙旅行での「宇宙」は**地球を含まないので、space(無冠詞)**。

夜空を見上げると、巨大で無限の広がりがあります。これが space(宇宙**空間**)。果てしなくつかみどころなく、どこまで行ってもそこは space であり、とても「ここです」というふうに特定(the)はできないために、the space とは言わず、冠詞なしの space が正解。**the は定義上、境界のないものや漠々たるもの(つまり特定できないもの)にはつけられない**のです。ちなみに宇宙の「宙」という語にもとらえどころのない語感があるのでは。

the space（福岡県・黒岩竜哉さんなど多数）は間違いで、宇宙（space）とは違います！ the space とは「the（特定）＋隙間」ですから、「特定（ここからあそこまで）の隙間」、自然な日本語で言い換えれば「**その隙間**」「**そこのスペース**」。例: the space between my desk and the wall（私の机と壁の間の隙間）。どこかの隙間に旅行してもあまり楽しくはないでしょう。

　a space（静岡県・井上弘二郎さん）も間違い。どんな天のはてに到達しても同じ space の一部にすぎず、**１個２個と数える性質のものではない**（宇宙空間そのものが全体であり**不可算**と認識される）からです。a space とは「a（不定冠詞、次に続くものは可算で不特定な１つであることを示す）＋隙間」ですから、「ある１つの隙間」。a space は、宇宙まで行かなくても、自宅の中にもあちこちあります。

　ロケットに乗って、**地球の大気圏を超えるとそこが space の始まり**。space はモノではなく空間（真空の広がり）を意味するために、地球のみならず、宇宙にある月や火星などすべての天体は厳密には space の一部ではありません。space とはあらゆる天体を包み込んでいる空間の部分です（地球の大気圏はまだ space とは認識されない）。なお、あいまいに地球以外の全宇宙を指して space と言うこともあります。

　「宇宙に行く」は go to space（長野県・伊藤彰子さん）も可能ですが、go **into** space（神奈川県・中川建児さんなど、「宇宙空間の中に入る」）がよく使われます。似た単語に、同様に不可算である water があり、水に入ることを go into water と言うのと同様の感覚。water も the water や a water とは言いませんね。

　冒頭の竹中作品を訳してみると、「われわれの誰でも地球を含む全宇宙に行ける時が来た。海外にいる友人と月に行けた気分がする」。「the universe ＝ 宇宙」という単語丸暗記による弊害が見られます。第 2 文は熟語「〜をしたい」(feel like 〜 ing) を使おうとしたための誤りでしょう。

➡ The time has come when anyone can enjoy space travel. I feel like going to the moon with my friends from overseas.

　the universe とは「**宇宙という存在全体、万物**」（space および天体）。**地球も含む**ので、竹中さんはすでに the universe にいます！ これには the がつきます（似た例に the world）。the をつける理由をしいて言えば、ニュアンスにまとまり感があり the と相性がよいため。

　また「どこかにひょっとしたら他の universe も存在するのでは」とい

うパラレル宇宙説があるために「われわれの知る宇宙」と特定しているのかも。

なお(the) outer space（埼玉県・小野寺和美さん）には2つの意味（①space と同義、②太陽系外の space）があります。galaxy は「星雲」。cosmos は「宇宙という秩序ある体系」や「宇宙のように秩序のある存在」で、比喩的によく使われます（例：「人体は小宇宙だ」）。

● ● ● ● ●

「誰でも」にもいろいろある

「誰でも」は anyone が標準の言い方。everyone（どなた様でも）はていねいに聞こえ、every person という意味。everybody（どの人も）はカジュアル。anybody（誰だって）は、any の意味（たとえどんなのであったとしても）と -body のカジュアルな響きのため文脈によっては侮蔑的に聞こえることも（宇宙なんてどんな奴だって行けるさ、まともな人間でなくても行ける）。なお竹中作品の anyone of us という言い方はなく、any one of us ならば可能（ただし us が誰を指すのかがあいまい）。

「（誰でも宇宙に行ける）時代になった…」は The time has come when everyone can enjoy space travel.（和歌山県・瀬戸美恵さん）や This is an era when ordinary people can go into space. や Ordinary people can travel into space these days. など。age を使う場合は This is the age of ... という形をよく使います。

my friends overseas は「現在は外国にいる（日本人の）友人」かもしれません。my friends **from** overseas とします。from（出身、所属）を使うのがコツ。my foreign friends（東京都・河野弘子さん）は可能ですが、foreign には冷たい響き（**よそ**者）が出ることも。

「宇宙」を正確に解釈したていねいな例

This is the age of space travel for everyone. I want to go to the moon with friends from different countries.

課題 23

田中花子さんは特殊法人に勤めている。ある日、給料明細をもらったら、特別減税が2万円あったので大喜びした。

「特殊」「特別」は要注意です

特殊法人を正確に理解した作品

Ms. Hanako Tanaka works for a government-affiliated corporation. One day, she was overjoyed to see her pay slip with ¥20,000 "special" tax cuts.

——— 千葉洋子さん（北海道）の作品

ポイント

▼ 「特殊法人」と「特殊な法人」は違う！
▼ 一般的表現に見える専門用語に注意

「特殊」「特別」には特別な意味がある

　用語が上級なので、最初にヒントです。法人は corporation、給料明細は pay slip、減税は tax cuts でよいでしょう。

　「特殊法人」は専門用語で、governmental corporation（政府の〔設立した〕会社）という意味です。「政府系の会社」と訳せばすべて正解です。

　「『特殊法人』『特別減税』など、日ごろ何げなく読んでいるだけなので、訳すとなると困りました」（静岡県・横山葉子さん）。横山さんは「特殊法人」をそのまま special corporation と訳しました。

　「優秀者氏名」欄に何度も登場している兵庫県・山田文乃さんともあろ

う方までが、「『特殊法人』の訳が分かりませんでした。おかしいだろうと思いながらも、和英辞典の訳を使いました」とコメントを書いてきました。山田訳は corporation having special status です。

　これらの直訳は辞書に堂々と載っていますが、意味不明です（補足説明をつければ文脈により使用可能）。読んだ人には何のことか分からず、コミュニケーションが成立しません。special corporation（トクベツなカイシャ）と言われても、いったいどんなふうに special（普通ではない）会社なのか。

　日本語でも、「田中花子さんは『特別な会社』に勤めている」と言われると、あやしい雰囲気がしませんか。What's so special about it?と聞きたくなります。

　直訳地雷を避ける方法は千葉県・金田あやさんのコメント。「最近では**日本語の意義をよく把握するために国語辞典**も愛用しています」

　ありふれた単語である「特殊」と「法人」が合体すると専門用語に化け、特別な定義があります。「特殊〜」「特別〜」という語句は多いので、いちいち本当の意味を事典等で確認しながら訳しましょう。

　「特殊法人」は単に「特殊な法人」ということではありません。正解は冒頭訳の千葉さんから。「特殊法人の『特殊』は『政府関係の』と考えまして、大学の付属病院などのときに、affiliated を使うようですので、government-affiliated としました」

　特殊法人は政府がみずからビジネスをするために作った会社（日本銀行など）です。一般の会社は商法に従い設立されますが、政府系の会社はいちいち特殊な法律（日銀の場合は日本銀行法）を制定して、特殊な目的のために設立されます。現在、80 以上あります。「民間会社とは違い特殊である」ということから特殊法人と日本では呼んでいます。

● ● ● ● ●

読む人の立場に立ち、分かりやすく

　直訳して special corporation（特殊な会社、変わった会社）ではまったく舌足らず。**なにが「特殊」なのかの実体**（民間ではない、政府系）を訳さないと、わけの分からない英語になります。

　英語では決まった表現はありません。正解訳例は governmental corporation、government-run corporation（政府により運営されている会

社)、government-affiliated corporation、public corporation、government-backed corporation（政府により後援された会社）など。

　和英辞典には chartered corporation という訳も載っていますが、民間会社にも charter（国王・政府による設立許可状）は出るので、特殊法人とは限りません。また、quango という古い造語も辞書にありますが、使われません。

　なお、「法人」とは会社や財団などの総称（共通して使える呼び方）。人間ではないけれど、法律的には 1 人の人間のようにふるまうこと（売買をするなど）ができる団体で、corporation でよいでしょう。

　千葉作品の第 1 文はパーフェクトです。第 2 文は文法は OK ですが、with はぼんやりとした単語なので、今月に減税になったことを明確にするために she was overjoyed to see her pay slip included a ¥20,000 cut in her taxes. とするとよいでしょう。

　千葉さんの質問:「ヒントに『減税は tax cuts』とありますが、なぜ "cuts" と複数で表現するのでしょうか…。所得税と住民税といった複数の減税の場合には複数かな?」。ご指摘のとおりです。日本では個人所得にかかる税は、「所得税」（国が徴収）と「住民税」（地方自治体が徴収）があり、この 2 種類がセットで減税となるため複数で書きます。

　さて、「特別減税」は何が特別かというと、「1 年間だけ（1 回だけ）の減税」という意味です。これを special と呼ぶ気にはなれませんね。one-off tax cuts と呼んだりします。これに対して恒久的な減税は「制度減税」と呼ばれます。こういった言葉はすべて専門用語なので、外見のまま直訳しないようにします。

専門用語の定義をもとに訳出した例

Ms. Hanako Tanaka works for a governmental corporation. One day, she received her pay slip and was very happy to find she had been taxed ¥20,000 less than expected due to recent tax cuts. The new rate of taxation will continue for a year.

課題 24

私は中学 2 年生です。今、兄とオーストリアを旅行中です。いろいろな所に行って毎日が新鮮です。

思い込みにも注意

不注意ミスだらけの上級者

I'm eighth greader. I'm traveling in Australia with my brother now. We are excited by visiting many places everyday.

―― 千葉県・橋本佳子さんの作品

ポイント

▼ 「新鮮」と fresh は意味が一致しない部分がある
▼ 見直しをする中級者は、不注意な上級者に勝る

オースト（ラ）リアでシャワーを毎日？

「今回の課題は…ぱっと見た感じでは中学生レベルの英作文」（兵庫県・澤井賢彦さん）です。ところが英語力とは関係ない点で不合格になる残念な作品が続出。なんと約半数が課題の「オーストリア」（Austria、欧州の国）を取り違えて地球の反対側にある Australia（オースト**ラ**リア）に旅行に行ってしまいました。

この不注意ミスは思い込みによるものでしょうか。オースト（ラ）リア以外にも似た国名や紛らわしい固有名詞は多いのでご注意。わずかな差でも、その意味するところは大きく違います。また、文法ミスなどと違い、固有名詞の取り違えは**実在の名称であるために誰もミスに気がつか**

ないままダメージが広がるという怖い性質があります。

　ミス撲滅のためには（1）世の中には**紛らわしい名前（や表現）が多い**ことを常に意識、（2）やさしそうな問題でも油断せず**細部に注意を払い**、（3）「**念のために**（スペルなどを）調べておこう」という姿勢を持ち、（4）提出する前に何度でも**見直し**、（5）ミスをしたら再発しないように**その場で頭に叩き込んで**おきましょう。今回、早とちりをした方は、区別を認識しながら「オーストリア、オースト『ラ』リア、オーストリア、オースト『ラ』リア、……」と10回ぐらい言ってみると、2度と間違えることはないでしょう。こういった認識訓練をしておくと、他の課題でも細部への注意力が高まります。

　「"オーストリア"を"オーストラリア"と思い込んで間違えそうでした」（兵庫県・宮西万美さん）と、正しく Austria と書いた作品には英文記者としての努力が認められ、合格です！

●●●●●●

力があっても不注意ミスで台無し

　冒頭の橋本作品は上級レベルの「新鮮」などはクリア。ところが不注意ミスだらけ。冠詞脱落、スペルミス、国名誤認、スタイルを手直しすると➡ I'm an eighth grader. Now I'm traveling in Austria with my brother. We are excited by visiting many places every day. なお、every day は「毎日（に）」（名詞か副詞）。1語になった everyday は「毎日の」という形容詞で、次には何らかの名詞が続くことが必要。

　「毎日が**新鮮**」（刺激的、楽しい）は英語でぴたり一致する概念がなく、近いものとして I feel **excited** every day.（大阪府・犬島祥子さん）や Every day is invigorating.、I have a fresh outlook every day. や I have new experiences every day. など。

　「新鮮＝fresh」として Every day is fresh（香川県・大西敏雄さんなど多数）としてしまうと「毎日は新しい」程度の意味です。**fresh は new と**いう意味での「**新鮮**」。「**刺激的、楽しい**」という「**新鮮**」ではありません。I feel fresh . . .（神奈川県・山田由実子さん）はシャワーを浴びて new な身体に戻ったニュアンス。I feel refreshed . . .（三重県・吉岡信之さん）とは疲労やのどの渇きや空腹を、眠りや飲食により再び fresh（疲労などがない new 同然の状態）に戻したこと。

「私は中学 2 年生です」は I'm in the second year of junior high school.（神奈川県・佐藤直子さん）や I'm an eighth grader.（千葉県・藤原晃代さん、a → an と添削した）や I am in the eighth grade.（広島県・三上修平さん）といった言い方が可能。

I am a second-year student of a junior high school.（福岡県・吉尾嘉助さん）では、a junior high school の a が不要。ここでは実体のある「どこかの 1 つの中学校」（可算名詞）ではなく、**「中学」という地位を表す抽象名詞**として使われ、冠詞がつきません。冠詞をつけない例：I'm in college.（抽象的に「大学に進学した」地位状態の意味。「大学構内にいる」ことではない）

戦後日本の学校制度は米国式を参考にしたため、米国での学年の呼び方が使えるでしょう（ただし州により制度は異なる）。小学校 1 年生（の 1 人）を a first grader と呼び、その地位は first grade（つまり「最初の学年」）。中学に進学してもグレードで通算の呼び方をします。たとえば、a ninth grader ならば中学 3 年生の人。

「兄」は **my older brother**（奈良県・上田千津子さん）や **my elder brother**（東京都・河野弘子さん）や **my big brother**（北海道・藤川三和さん、口語「私の兄ちゃん」）。似ていますが an **old** brother（埼玉県・吉瀬みゆきさん）や an **elderly** brother（神奈川県・近藤啓介さん）は兄とは限らず「<u>年老いた</u> brother」です。なお、英語では上下関係を日本ほどには表現しないので、多くは単に my brother と言います。

「オーストリアを旅行中」に **travel** を使うと飛行機などで点から点へ素早く移動する現代の旅行。**tour** は長期間じっくり回る感じ（周遊）。**journey** を使うとプロセスを重視する詩的な旅（ヒッチハイクなど）。

「**新鮮**」を英語らしく訳し、不注意ミスがない文

I am in the second year of junior high school. I am traveling around Austria with my older brother. We visit many places and every day is exciting.

課題 25

宝くじで3億円当たった。と思ったら初夢だった。

夢にもいろいろあります

夢でなく本当に3億円に当たった？

The lot fell on me and I got 300 million yen!! Oh, my god! This was my first dream of the New Year!

―― 大宮航時さん（東京都）の作品

ポイント

▼「夢」は文脈により2種類（睡眠夢と願望）
▼ 日本語の連想に引きずられずに英語を読もう

● ● ● ● ●

初「夢」は、夜見る夢か、願望か

「今回の課題はみんなが夢見たことですね」（東京都・橋本尚美さん）

夢って微妙です。皆さん、今年の初夢は何だったでしょうか。また、今年の夢は何ですか。今回は夢を間違えないようにしよう、というレッスンです。

(1)「宝くじに当たった夢」　(2)「宝くじに当たるのが夢」

日本語でも英語（dream）でも、夢には2種類の意味があり、わずかな文脈の差などで解釈が変わります。(1) の意味は、「初夢」のように睡眠中の夢。(2) は「将来の夢」のように目標・願望。

和英辞典で「初夢」を引くと the first dream of the New Year とあります。ところが dream には2つの意味（睡眠夢、願望）があるので、**「初夢」とも「新年で最初に抱いた願望」とも解釈できるあいまい訳**です。

日本には新年初の睡眠夢を特別視する慣習があり、それを指して初夢

という単語ができました。初夢といえば定義上、（1）の意味しかありません。日本人はこの**連想が強く、英訳を見ても（1）の意味しかないと思い込みがち**。しかし the first dream of the New Year という熟語が英語に存在するわけではなく、初夢の慣習がない英語圏の人には連想がないためピンときません（意味は（1）だろうと推測するが（2）の可能性も感じる）。意味は「初夢」ではなくあくまで「新年で初の dream」。（1）（2）**どちらの意味なのかは、文脈で決まります**。英語には、夢はあっても初夢はないのです。

　元気な大宮作品（冒頭）は、「くじで私に決まった、そして 3 億円もらった!! オー神よ。これこそ私が今年最初に（抱いた?）夢だったんだ!」。This was my first dream . . . . という書き方は願望にも聞こえます。つまり、年初の願望がかない、夢でなく本当に 3 億円に当たって狂喜している感じ。添削例は ➡ I won a ¥300-million jackpot in the lottery. But then I realized it was only a dream — the first of the New Year.

　「宝くじで 3 億円当った」は I won ¥300 million in a lottery. と言います。**「当たる」は win** です。

　「物事をくじを引いて決める」というときの「くじ」が lot です。大宮作品の The lot fell on me は「くじで私に（担当などが）決まった」という表現。くじ方式でお金が当たるのが江戸時代に流行した「富くじ」(lottery) で、現代は「宝くじ」という名称で親しまれています。これを直訳してみると treasure lottery（長野県・片山嘉雄さん）となりますが、lottery のみで宝くじを指します。

● ● ● ● ●

冠詞の復習: a と the

　I won ¥300 million in **a** lottery. はいろいろな宝くじの中の、ある一種のもの（a）で 3 億円が当たったこと。. . . in **the** lottery とすれば、「ご存じのあの（the）宝くじで」（この文脈からは年末ジャンボと推測できる）。

　「と思ったら…」は but など、なんらかの逆接感を出せばよいでしょう。but then I realized it was . . . が考えられます。but it turned out to be my . . . dream（神奈川県・武内恵実子さん）も適当。but it was only a dream（単なる夢にすぎなかった）や but it was just a dream（残念だが夢だった）などは文脈により可能。これらでの **it は「それ」ではなく、前の文全体**

(宝くじに当たったということ) を受ける用法。it ではなく this（通常は近い範囲のものを指す「これ」）にした場合は何を指すのかが不明確です。

　but I woke up to find it was only a dream ... なども結構です。モデル訳でダッシュ（—）を使っているのは、英語では my first dream of the New Year と**一気に書いてもピンとこないため、二段構えで**「残念だが夢だった。ちなみに新年初の夢だった」と分解したもの。

　「初夢」の訳はじつは難問。何日の夢を指すのかについては、時代と地域によって違ったようです。辞書などには「元日の夜」または「二日の夜」（二日が仕事始めだったことから）とあります。そのため my dream on the second night of the New Year（大阪府・草野路子さん）などとも訳せます。my first dream of the New Year という表現は厳密には何日かに関係なく、覚えている最初の夢という、ぼかした表現。

　It was the first dream of the new year that I won three hundred million yen in a public lottery.（東京都・田中文子さん）。It was the ... は「…」を強調する文型なので、「2 度め、3 度めの夢ではなく、私が言いたいのはこれが最初の夢（初夢）だったということだ」という意味。➡ In my first dream of the new year, I won ... とします。

　I won three million yen in a lottery, which turned out to be my first dream of the New Year.（大阪府・門田佳子さん）。これでは 300 万円しか当たっていません！ ぎこちなさを取ると➡ I won ¥300 million in a lottery, but it turned out to be just a dream — the first of the New Year.

初 夢を外国人にも分かりやすい構文で書くと

I won ¥300 million in the lottery. But then I realized it was just a dream — the first of the New Year.

課題 26

今年は毎週応募したいと思います。

文脈:「週刊ST」の英作文投稿コラム担当者あてに読者が出した年賀状の中の1文

和英辞典を鵜呑みにするとこうなります

This year I think I will subscribe for ST every week.
——— 田中淳子さん（和歌山県）の作品

ポイント

▼「応募する」=「募集に応じ（て何かをす）る」
▼ 応募して何をするのか（書類を提出、投稿、…）を判断

英訳は日本語の2倍の長さになる

　日本語は省略がかなり自由にできる言語ですが、英語は省略ができないのが特徴です。SVO（主語＋動詞＋目的語）といった**文型どおりにいちいち書くのが原則**で、**英訳とはまず「何が省略されているかを考える」作業**。このために英訳すると原文の2倍近くの長さに伸びてしまうのが普通です。課題の「今年は毎週応募したいと思います」には主語も目的語もありません。補うと「今年は（私は）毎週（作品を）応募したいと思います」➡ I will hand in my composition every week.（高知県・近澤建次作品、this year をつけ忘れたようですが、全体として優秀作）

　「応募する」を辞書丸写しで書くと、「apply for（許可を求める）」などを使ってしまい、まったく誤訳になります。

　「今年は」に in は不要です。in this year でも正しいですが、this year のみが自然（名詞句ではなく副詞句として機能できるため、前置詞が不要）。また、日本語では文頭にあっても、英語では動詞の後ろに置くのが自然

(「今年こそは」と強調したい場合は文頭)。課題では ... every week this year. と続くとくどい感じがするので文頭(コンマをつけてもよい)でよいです。

• • • • •

「応募」は言わずもがな表現

辞書で「応募する」を引くと意味の異なる訳語(subscribe、apply、enter、…)が並んでいます。どれが正解?

「応募する」はあいまいなので、訳すためには日本語原文に書かれていない具体的な行為を文脈から推定することが必要。「応募する」とは「募」集に「応」じて何かをすることですが、この**「何か」の部分は明記せず、各種の意味で使われる言葉です**(言わずもがなで分かる)。たとえば「懸賞に応募する」ならば、募集に応じてクイズの答えなどを送ること。

課題文脈での応募の実体は「投稿作品(英作文)を ST に送る」こと。send my (English) composition to ST とできます。「英作文」の部分は my (English) translation や my (English) assignment なども可能。「送る」の部分はさらに具体的に mail なども結構です。また、熟語で hand in (提出する)、send in (送付することで提出する) が考えられます。この 2 つは熟語で、その後に提出先 (to ST) を書かなくても文は完結し、「しかるべきところに」提出するという含意があります。

同じ「応募する」の訳語でも、apply は apply for a position (公募された職に採用してもらおうと応募する) など、書類を提出して申請すること。enter は enter a contest for a prize (賞を目指してコンテストという競争に「入る」) というニュアンス。

辞書に載っている訳語をむやみに当てはめると、原文とは違う意味になります。訳語の 1 つ、subscribe for を無理やり当てはめたのが田中作品。この意味は新聞や雑誌「を定期購読する」ということ(実際には subscribe to を使うほうが普通)。subscribe は原義が「(書類の) 下のほうに自分の名前を書く」で、subscribe to a newspaper (新聞を購読する) の元来の意味は新聞の購読申し込み書に署名するということ。田中作品は課題と意味は違いますがきちんとした英文です(「今年は ST を毎週定期購読しようと考えている」)。subscribe は「定期」購読なので every week は削除したほうがすっきりします(意味重複感がなくなる)。➡ This year, I think I will subscribe to ST.

　似た例で subscribe to government bonds という表現があり、「国債に応募する」と訳されます。この「応募」は「募」集に「応」じて買う約束をする（購入書にサイン）。

　every には単数が対応します。every week とは「どの 1 つの週においても（～する）、各週」。投稿訳文を複数形（translations）で書くと各週ごとに 2 つ以上の作品を送る意味になるので注意。

　「思います」は、I think . . .（私が考える/判断するには…）というより、ここでは相手に対するていねい表現。➡ I would like to . . .

　This year I will never miss sending answers to the ST's English translation exercises every week.（東京都・山崎宏明さん）➡ This year I will never miss sending in my answers to ST's English translation exercises.（never と every week に意味重複があるので、後者を削りました。）

　This year I will contribute an essay to the column every week.（奈良県・川名次雄さん）とは、毎週このコラムのためにエッセイを寄稿していただけること。

　日本文の外見そのままで直訳した作品もかなりありましたが、英語としては意味不明の、舌足らず文になります。目的語がない例：I will apply every week this year.（埼玉県・木村雅江さん）では何を apply するのかを書かないと、apply のいろいろな意味（応用する、塗る、依頼する…）のうちのどの意味なのかが確定しません。主語も目的語もない例：Want to think subscribe to every weeks in this year.（愛媛県・篠原町人さん）は「誰が」「何を」どうするのかが不明（さらに 2 動詞連続などは文法破り）。舌足らず英語を克服するためには SVO などの文型を確認しながらやさしいものをたくさん読むとよいでしょう。

正しく「応募」し、熟語を使った例

This year, I would like to send in my translation every week.

EXTRA

号外
英語脳でチェックする

　ジャパンタイムズで以前働いていた日系米国人編集者は、頭の中で日本語と英語が切り替わるときに「スイッチのようにカチッと音が聞こえる」と言っていました。

　彼女は日本語を流暢に話し、日本人と会話をしていると、やがて頭が「日本語で考える」モードに入ります。ところが、そのモードのときに急に米国人同僚と話そうとすると、ネイティブスピーカーであるにもかかわらず英語が話せなくなっている、ということでした。もたもたと単語を並べつつ会話を続けていると頭の中で「カチッ」と英語脳に切り替わるスイッチ音が聞こえ、その瞬間からはすらすら話せるそうです。英語モードに入ると、今度は日本語で話そうとすると言葉が乱れてしまいます。

　「日本語で考える」モードの場合、彼女の思考は 100 パーセント日本語。英語で話すときでも、言いたいことはまず脳裏に日本語（彼女にとって外国語）で浮かび、それを英語（母国語）に訳して会話するらしいのです。この状態では、**ネイティブなのに脳は日本人になっています。**

　英語で書く際には、「英語で考えるモード」に入るとかなりミスを防ぐことができると思います。

　普段から英語モードで学習しておけば、この章で取り上げた、borrowed a rental car、go to the universe、a special corporation、every day is fresh、the first dream of the New Year . . . といった日本式英語は、冷静に意味を判断することができるので、見直しの段階でおかしいことに気がつくと思います。

Chapter 7

日本人に共通するミス ②
―― その単語、危険です！

課題 27

蔵相夫人の田中花子さんは外国人との交際が好きだ。

これができれば、ジャパンタイムズ記者になれます

スキャンダルが２つ隠れています！

Hanako Tanaka, a wife of finance minister, loves to have relationships with foreigners.

――― 片山るり子さん（東京都）の作品

ポイント
▼ 「辞典に載っているから」は日本式英語の元凶
▼ 不定冠詞 a = one of many（多数のうちの１人）

ジャパンタイムズの入社試験問題です

　まずは「蔵相」について。これは finance minister です。finance とは「財政」で、要するに「お金の管理」のこと。

　各国の内閣には、かならず財政の大臣（つまり finance minister）がいて、政府の予算などを担当しています。日本の大臣は長らく「大蔵大臣」（略して蔵相）と呼ばれていましたが、現在は「財務相」と呼ばれます。これは 2001 年 1 月の行政改革で大蔵省が財務省と名称変更になったことに伴うもの。ちなみに英語名称は以前と変わりません。**財務省は the Ministry of Finance**、簡略には the Finance Ministry です。

　今回の課題は半世紀前（1949 年）のジャパンタイムズ入社試験を再現したものです。「（当時の池田）蔵相夫人は外国人との交際がお好きである」を英訳した文章などを読み、誤訳を発見する問題でした。

　「～と交際する」として have intercourse with ～と書いてある和英辞典

がありますが、**現代では intercourse は単なる「交際」よりも、sexual intercourse（性交）の略として使われることが多く、つまり辞典どおり have intercourse with 〜を使って書くと「〜と性交する」という意味。辞書は編纂に長い年月がかかるため、内容が時代遅れになりやすいのです。**

日本の閣僚夫人が「外国人たちとの intercourse が好きだ」と英字新聞に載ったら、大誤報になってしまいます。このような、和英辞典に起因する誤訳を見抜く力があるかどうかを試したのがこの入社試験問題でした。

半世紀経ってもまだ和英辞典の呪縛は生きているようです。誤訳として 1949 年に出題された英訳文とほぼ同文の応募が数件ありました。Mrs. Finance Minister, Hanako Tanaka, likes having intercourse with foreigners.（東京都・斉藤正道さん）などです。読んでいて少しなつかしい（?）気持ちがしました。

● ● ● ● ●

危険な日本式英語が続出

今回驚いたのは、もっとスキャンダラスな作品がたくさんあったことです。冒頭作品の意味するところは「蔵相（の数人の）夫人のうちの 1 人、田中花子は、外国人とカンケイを持つのが大好きだ」。

問題は 2 つあります。まず **a** wife of 〜が問題です。これを同じ意味である **one** wife of 〜と言い換えると、意味がはっきりします。「（田中蔵相）の 1 人の夫人」です。

不定冠詞 a には深い意味があり、単なる「1 つの」ではありません。one of many（不特定多数のうちの、ある 1 つ）といった意味です。**不定**冠詞とは、**不特定**を示す形容詞の一種です。

a wife と書けば、one of many wives（多数の夫人のうちの 1 人）を示唆します。また、a は（1 つの）可算名詞につける冠詞ですから、a を使うことにより、この男性の wife は「1 人、2 人、3 人、…」と数えられる存在であることを示唆します。回教徒の男性は第 4 夫人まで持てますので、ありえない文章ではありません。

片山作品には relationships とありますが、異性が出てくる文脈では「男女の関係」「おつき合い」というニュアンスでの交際です。片山作品では、**夫は重婚、妻は不倫**です!

妻が 1 人ならば Mrs. Hanako Tanaka, **the** wife of the finance minister, likes to socialize with people from other countries.（茨城県・石上喜美恵さん）と言えます。the は特定（の1つや1種類）を示す定冠詞なので、ここでの the wife of ～は「～の（特定1人である）夫人」「～の（たった1人の）夫人」。

wife については単に無冠詞で wife of ～だけでも使われます。この場合の wife は、「（1人の生身の人間としての）夫人」ではなく「夫人（という地位）、妻の座」を示す抽象名詞であるために無冠詞。なお、**新聞・雑誌では敬称の Mrs.はなくてもかまいません**（日本語と違い、失礼にはなりません）。

the finance minister とは「あの（特定の、例の）」財政大臣であり、ここでは the が何を指すのかについての前出説明はないことから、自動的に the は「（言わずと知れた、アノと言うだけであなたには分かるあの人のこと）」と解釈されます。つまり「わが国の現在の財政大臣」という意味になります。

和歌山県・友安菜美子さんは花子さん自身を蔵相にしてしまいました。Finance Minister Hanako Tanaka is enthusiastic about going out with foreigners. この **going out** は「デートする」「（異性と）つきあう」（口語）。

交際という言葉には日本語でも英語でも広い意味があるため、誤解されやすい言葉です。蔵相夫人（既婚者）が外国人との交際が好き（外交官などとのつきあいが広い）場合は以下のような中立的表現がよいでしょう。associate with foreigners（愛知県・景山明美さん）、mix with people from foreign countries（埼玉県・岩渕誠さん）、make friends with foreigners（北海道・阿部眞次さん）、socialize with foreigners（岐阜県・平野さとみさん）、has friendly relations with many people from abroad（鳥取県・木島良子さん）。

国際誤解を起こさない文
（神奈川県・中川直子作品を添削）

Hanako Tanaka, the wife of the finance minister, likes to associate with foreigners.

課題 28

成人の日とは、20歳に達したことを記念して1月の第2月曜日を記念日としたものだ。

よかれと思って使った言葉が逆に相手を傷つけてしまう。そんなことになりやすいのが「記念〜」です

青春って、悲しい

Coming-of-Age Day is the second Monday of January which is an anniversary in memory of the age of twenty.

——— 森淑子さん（北海道）の作品

ポイント

▼ memorial とは「（死者の）memories（思い出）を記念」
▼ anniversary は過去を思う日。成人の日は未来志向

悲しまないで！この「記念日」は祝日です

「成人の日」Coming-of-Age Day は政府公式訳です（come of age は「大人の年に達する」）。以前は1月の15日でしたが、法改正で2000年から第2月曜日になりました。

「記念日」を、40名以上の方が直訳して memorial day と誤訳しました。これは死者を追悼する日を指します。memorial は「記念の、思い出の」と辞書にありますが、故人の思い出をしのんだり、その業績を記念するニュアンスで使われることが多い語です。たとえば memorial service といえば追悼式。米国の Memorial Day は「戦没将兵記念日」です。

「〜を記念して」を in memory of とした作品もありましたが、これも「（故人の思い出）を記念して」いう悲しい意味。memorial と in memory of は「死」に直接間接に関係して使われます。ここでの **memory とは死者についての過去の「記憶」、つまり「思い出」**。

日本語の「記念〜」は意味が広く、(1) 現在のうれしいことを祝う場合（例：成人の日）のみでなく、(2) 過去に亡くなった方をしのぶ場合など（例：終戦記念日）にも使われます。**英語の場合は (1) celebrate、honor** などと **(2) memorial、anniversary** などを使い分けます。

　課題テーマの**外見にこだわり直訳すると誤解を招く文章**になります。「日本語（原文）をかなり訳しやすいように変えてしまって」（神奈川県・中川直子さん）から英語にするとよいでしょう。「『記念して』を『祝って』とアレンジしました」という静岡県・鈴木恵さん（celebrate を使用）のアプローチが正解です。このほかに observe（東京都・馬場秀子さん）、designate（愛知県・久富奈保子さん）、dedicate（広島県・庄司貞子さん）を使った文も可能です。

　冒頭作品を読んで、学園紛争のさなかに列車に身を投じた故・高野悦子さんの日記『二十歳の原点』（新潮文庫）を思い出しました。森作品を訳してみると「成人の日は1月第2月曜日で、20歳を追悼する記念日だ」。20歳で逝ってしまった人を毎年しのんでいる、ということでしょうか。

● ● ● ● ●

過去と現在を区別しましょう

　「記念日」については、成人の日が国民の祝日である文脈から考えると **(national) holiday** が相当します。森作品の **anniversary** とは、結婚記念日など「**過去のスペシャルな日を思い出して毎年毎年祝う日**」です。成人の日の場合は、過去には何もなく、成人した**現在**を祝う未来志向の日なので、anniversary ではありません。in memory of とありますが、いわんとするのは in honor of（〜を祝って）。➡ Coming-of-Age Day is on the second Monday of January. It is a holiday in honor of new adults.

　岐阜県・野澤千春作品も過去と現在がごっちゃ。Coming-of-Age Day is the memorial day to celebrate reaching at twenty years old. It's on the second Monday of January. 悲しくもあり（memorial）、成人を祝う（celebrate）感じもする、アンビバレントな感じです。解釈してみると「成人の日とは20年の古さになったことを祝う追悼の日」？ 舌足らずなので reaching の主語（人々）を補いましょう。➡ Coming-of-Age Day is a holiday to congratulate those who have turned 20 during the year. ここでは、celebrate（や commemorate）とは「holiday や anniversary を祝う」ことが大きな

意味で、直接人間に対しては祝う意味では使わない（人間の業績に対しては使う）ので、congratulate に変えました。野澤第 2 文はこれで OK です。書き言葉としては、短縮形 It's を使わずに It is とします。

　厳密には、まだ 19 歳であっても 4 月 1 日までに 20 歳になる場合は成人式に招待されます（市町村によってはさらに対象が広い）。これを書き加えると、～ congratulate those who have turned 20 or will turn 20 by April 1. とできます。

　ご自分のお誕生日記念に応募された神奈川県・水谷文さんは、Coming-of-Age Day is the function which was settled on the second Monday of January as a commemorative day to celebrate those who have arrived at the age of 20. これまでに述べたありがちミスをすべて避けていますが、饒舌文体です。function（行事、式典）は抽象言葉で、政府の難解な文書で使われます。commemorative day はぎこちなく、成年に達したことではなく、この日付自体に特別な意味があるイメージ。a day to commemorate ～ならば結構です。すっきりさせると ➡ Coming-of-Age Day is a holiday on the second Monday of January to celebrate that new adults have arrived at the age of 20.

　鳥取県・山中幸子さんは Coming-of-Age Day is an anniversary to congratulate people on twenty years of age. ➡ Coming-of-Age Day is a holiday to congratulate people on reaching twenty years of age.

過 去と現在を混同せず、この祝日を説明した文

Coming-of-Age Day honors those who have turned 20 years old, the legal age of adulthood in Japan. This national holiday is observed on the second Monday of January.

課題 29

公明党は昨日、神崎武法（かんざきたけのり）氏を同党代表にし、浜四津敏子（はまよつとしこ）氏を代表代行に任命した。

実話（1999年）です。直訳すると、とんでもないことに

直訳で「党首不在」になった例

New Komeito yesterday appointed Takenori Kanzaki Representative and Toshiko Hamayotsu Acting Representative.

——— 岡部美恵子さん（神奈川県）の作品

ポイント

▼ 当事者の公式訳が間違っている場合もある
▼ acting とは「上司が死んだ・大ケガをした」

● ● ● ● ●

「直訳地雷」を踏むと大ケガをします

現在の「公明党」の英語名称は New Komeito です。昔の正式名称は Clean Government Party でしたが、単に Komeito と呼ぶのが一般化していました。また当時の公明党で一番えらい人は「委員長」（chairman）という職名でした。公明党は1994年に戦略的理由で自己分割、98年の11月7日に再合流したのが現在の新しい「公明党」で、この経緯から英語名は New Komeito と決められました。そしてトップの職名は新しく「代表」としました。ナンバーツー相当は「代表代行」です。

さてこれら職名をどう英語で表現するかは難問です。とくに「～代行」は役職名としてよく使われていますが、直訳すると大変な誤解をされま

す！　現実に、企業でも官庁でもこの直訳誤訳が正式職名として使われており、国際誤解を引き起こしています。

　英文記者としては、**まず当事者がどう英訳しているのかを調べます**。この点でプロの世界に足を一歩踏み入れたのが冒頭の岡部さんです。「公明党広報に電話をかけて聞いてしまいました。本当に！」とのコメントをいただきました。「党名は New Komeito（the と party はつけない方針）。代表代行は Acting Representative で…。即席英文記者になった気がして、気分をよくしました」。積極的でうれしいですね。じつはサムも広報さんに電話をして同様の回答をいただきました。また、神奈川県・志村清四郎さんは公明党のホームページで調べたそうです。

　これは当事者が決めた公式訳なので、正式な場では岡部作品が正解となります。そして今回の応募作品も大部分が代表を representative、代表代行を acting representative としていました。

　しかしこれらは直訳により国際誤解を引き起こす例で、私はこのような状態を「直訳地雷を踏んだ」と呼んでいます。これらの訳では神崎代表（公明党で一番えらい人）の地位が「少しだけえらい人」程度に落ち、かつ彼は大ケガか重病で床に臥せっていることになってしまうのです。

　「訳語のレベル」（和英辞典の世界）より深い、**「定義のレベル」（英英辞典の世界）**に降りて考えてみましょう。

　まず「代表」は日本ではナンバーワン（党首や企業トップなど）を示すポスト名として定着しています。ところが representative の基本意は someone who serves as **a** delegate（派遣された代表団の**一員**）にすぎません。日本企業からサラリーマンが 5 名、米国企業へ折衝のため出張した場合、米企業にとって、この 5 名は全員それぞれが日本から来た representative です。つまり、**えらい、えらくないに関係なく、その企業を代表していれば全員が** representative です。また、政治家のタイトルとしては、**下院議員**（原義は、その選挙区の「代表」）を指して使われます。

　神崎代表も国会議員ですが、今回は出世して政党のトップに就任したので、representative ではその地位に見合うほどえらい感じが出ません。**政党のトップ**として標準的な英語は (party) **president** です。ただし president と訳すと日本語の「代表」の持つソフトな響きが損なわれ、また、日本語での元のタイトルは「党首」なのであろうと考える読者がいるかもしれません。そういった理由でジャパンタイムズでは、party head（党のトップ）

や party leader と、説明的な用語で報道することがあります。

広く使われている誤訳：acting

　さてもっと深刻なのが「代表代行」です。日本では「～代行」をナンバーツーの人のポスト名として使う慣行があります。和英辞典には訳語として acting と載っているため、これが英訳として広く使われています。**しかし acting とは、「上司が急死や病気・ケガで不在なため、やむなく私が代わりに上司のポストで act している」**ことです。英語での定義は temporarily taking over the duties of another（他の人の業務を一時的に代行する）。たとえば acting president（大統領代行や社長代行）といえば、president が暗殺されたり大ケガやガンなどで職務を遂行できないため、部下が president として一時的に「act している」ということ。臨時ポストです。

　このため、公明党が acting representative を置いているということは、神崎代表が入院中であるか急死したために仕事ができない状態であると誤解されてしまうのです。また浜四津代表代行には、現実には「代表代行」としての独自の職務があり、神崎代表の仕事を「代行」してはいません。二重に誤訳です。

　ジャパンタイムズでは、「代行」は deputy（副、代理）を流用しています。deputy は a person empowered to act for another（上司の業務を代理する権限のある人）で、acting と違い、恒久的なポスト名に使われます。vice などが使える場合もあります。

　なお、政治の世界は理屈だけでは割り切れません。外国においても、政治的な事情からわざと不正確な表現を使う場合が多々あります。

親切、正確で平和的な英文

Opposition party New Komeito yesterday appointed Takenori Kanzaki as party head and Toshiko Hamayotsu as his deputy.

課題 30

来日した韓国の金大中大統領は昨日、国会で演説し、世界の平和や繁栄といった問題についての日韓協力を呼びかけた。

「問題」がポイント

リサーチをして補足した力作です

Visiting South Korean President Kim Dae Jung yesterday made a speech at the Diet, where he appealed to the partnership between Korea and Japan about the problems of peace and prosperity in the world. The content of his speech were reconciliation South Korea and North Korea, respect for human rights and development of democracy in Asia, and investment for recover to South Korean economy.

――― 大倉るみ子さん（東京都）の作品

ポイント

▼ 問題と problem（悪いことを指す）は食い違う
▼ 単語の真の意味は文中から概念としてつかもう

英和辞典の引き過ぎに注意しましょう

金大中は Kim Dae Jung、国会は the (National) Diet です。

英語の学習法として「辞書をどんどん引け、辞書を引いた回数に比例して英語力は伸びるものだ」というのがあります。しかしこれは精神論で、私は辞書引きと英語力はそれほどには関係ないと思います。とりわ

け、英和辞典についてはその効用はあやしく、ジャパンタイムズ社内ではほとんど使用されていません。

　編集局内には英語に関係するさまざまな辞書や事典がたくさん置いてありますが、英和辞典は 1 冊あるだけです。逆に英英辞典は Webster などが社内に多数あり、使い古されてボロボロになっています。

　厳密に言えば、**英和辞典には単語の「意味」は載っていません**。載っているのは意味そのものではなく、英単語の「訳語」です。

　そもそも、意味を日本語で解説しようとしても、日本語と英語は親戚関係にないのでピタリ対応する単語は少なく、ニュアンスがずれてしまいます。つまり**「その英単語に意味が近い日本語の単語」が載っているにすぎません**。ですから、英和辞典で知らない単語の意味を調べることをあまりに繰り返すと、**頭の中に日本式英語の巣窟**ができてしまい危険です。

　その人が書く英文はやがて日本語世界に影響され、ニュアンスがずれ放題、誤解されたり日本人にしか分からない「ジャパニーズイングリッシュ」となってしまいます。自然な英文を書けるようになるには、**やさしい英文を深く理解しながらたくさん**読み、意味は文中から概念として直接つかむことをお勧めします。英単語の意味を調べたいときには英英辞典を使ったほうがよいでしょう。学習者用に開発された平易な英英辞典も発行されています。

● ● ● ● ●

単語丸暗記が諸悪の根源

　ジャパニーズイングリッシュの典型例の 1 つが、「問題」をどんなケースでも problem と訳してしまうことです。この点が課題のポイントでしたが、多くの応募作品が優秀でした。課題文の中の「問題」を problem 以外の語句に訳された方、またあえて訳出しなかった方、すべて合格です。

　冒頭の大倉さんは大統領が来日した際の資料を調べたらしく、課題文が触れてない内容も補足して意訳した力作です。ただし「世界の平和や繁栄といった問題」の部分は the **problems** of peace and prosperity in the world と直訳になっています。これは文法的には正しい表現。しかし厳密に解釈すると、なんと「世界が平和で繁栄しているのは困ったことである」と示唆する英文になってしまいます。これでは大統領はまるで悪の使者。

　英和辞典で problem を引くと、その意味は「問題」と載っています。

そこで「problem＝問題」と覚えてしまいますが、じつはニュアンスが違います。problem は「これは問題だ」や「問題児」という文脈での、**解決が必要な「困った問題」**の意味で使われます。

the problems of peace and prosperity において of は**同格**を表す表現です。したがって、厳密に解釈すると、「peace and prosperity（平和と繁栄）は problems（困ったこと）である」となってしまうのです。

日本語の「問題」は problem、issue、matter、agenda などのいろいろな意味を持つ単語です。**problem は「問題」と訳せますが、問題はかならずしも problem とは訳せません**。課題文の場合の「問題」は issue（議論の対象）が近いでしょう。

なお、日本語はあいまいで含蓄があり、「平和と繁栄の問題」とは実際には「平和と繁栄（をどう確保するかという）問題」を指しているとも考えられます。つまり真に問題なのは平和ではなく戦争が、繁栄ではなく貧困が存在することであり、このことから「平和と繁栄の問題」を自然な英語に意訳すると the problems of war and poverty とできます。

関森雅子さん（愛知県）は、お友達5名での合作でいつもご応募いただいていますが、「問題」はあえて訳出せず、全体をシンプルかつパーフェクトに訳出されました。Visiting South Korean President Kim Dae Jung made a speech in the Diet yesterday and called for cooperation between Japan and South Korea to promote world peace and prosperity.

「問題」を正しく認識すると

Visiting South Korean President Kim Dae Jung made a speech to the Diet yesterday and called for cooperation to help resolve such global problems as war and poverty.

課題 31

野党の有力政治家が消費税を廃止せよと要求した。首相は「ご要望の件につきましては、難しいと考えております」と答えた。

国会でのやりとりです。政治家などが要求に対して「難しい」と返答するときは、どんな意味でしょうか？

政治家の真意を訳出しています

　　An influential lawmaker of the Opposition party lodged a protest with Prime Minister against the consumption tax. Mr. Mori answered that it seemed almost impossible to abolish the tax.

——杉山ゆり子さん（静岡県）の作品

ポイント

▼ 要求への返答「難しい」＝ impossible
▼ ノーを和らげるために I am afraid ...

（やんわりと）ノーと言える英語力

　消費税はそのまま consumption tax です。
　「ヒントがなければ difficult を使ってしまうところでした」（宮城県・小林睦月さん）。これはプロ級課題です。課題での「難しい」はジャパンタイムズでは impossible などと訳出しています。
　difficult について。日本語の「難しい」が持ついくつかの意味のうち、**「難易レベルが高い」のみ**を指します。たとえば This exam is difficult. は「この試験はレベルが高い（ので、勉強不足では合格しないが、十分勉強すれば合格する）」。

「難しい」について。何かを頼まれたとき、断るには「イヤだ」と言えばいいのですが、相手は気分を害するかもしれません。そこで**遠回しに断るのが「それは難しいですね」**。補って解釈すると「難易レベルが高い（ので面倒だからやる意思はない）」ということでしょうか。つき詰めるとやる気の問題で、ぶっきらぼうに言えば No, I will not do it. でしょう。

impossible も「やる気がない」のやや遠回しな表現で、実際には消費税廃止は不可能ではなく可能です（廃止法案に賛成さえすれば廃止は可能）。**最初に I am afraid . . .**（残念ながら…）と切り出し、**相手が受けるショックを和らげる**のがコツです。I am afraid that is not possible. ならば「申し訳ないですがそれは無理です」。

"I'm afraid it might be difficult to do so."（東京都・堀場美代子さん）は前半は適切ですが、difficult と直訳したために、「申し訳ないがそうすることは難易レベルが高い」。これは**「英語を勉強しなさい！」という要求に対して「英語は難しいです」と答えるのと同じ**で、質問をはぐらかした不誠実な答えに聞こえてしまいます。difficult は難易度が高いというだけで、ノーではありません。

イエスとノーが逆？

ていねいに断るつもりで直訳したが、実際はイエスとノーが逆に聞こえる可能性も。米国の政治家などは「この政策の実行は **difficult** だが私は乗り越えてみせる！」とイエスの文脈で使います。tough や hard や not easy も同様です。

冒頭作品は核心部分で直訳地雷を避け、真意を impossible と訳出した上級作品です。文法はほぼパーフェクト。スタイルをジャパンタイムズ風にして、一部手直しすると ➡ An influential lawmaker from an opposition party lodged a protest with the prime minister against the consumption tax. Mr. Mori replied that it is next to impossible to abolish the tax.

課題ではどの「野党」であるかは特定していないので **an** opposition party（ある野党）が適当です。これ以前にすでに野党名が書いてあれば特定なので **the** opposition party（その野党）と続けることが可能。ちなみに、単に **the opposition** と書けば the opposition parties の略で、この文脈では日本の**野党全体**を指します。

普通名詞を大文字で書いてしまう（**O**pposition と **P**rime **M**inister）のは基本的に文法違反。当事者が自分を大きく見せようとする（God のように唯一無二の存在として扱う）、身内向けのいばった書き方です。Prime Minister Mori であれば全体として1つの固有名詞（森首相という唯一の存在）なので大文字にします。

　第1文を "lodged a protest"（抗議した）と意訳したために、第2文は answered（質問に答えた）では流れに合いません。**seemed は、事態をまだよく把握していない感じ**。almost impossible と表現するのは可能ですが、普通は熟語の next to impossible となります。

　日本語並みにやんわりと断りたいときには not feasible としたり、consider などを使った間接表現にします。「現時点においては（at this point in time）考慮できない」と長々しくていねいに見せる方法もあります。

　「有力」は strong（腕力が強い）というより influential（影響力がある）、powerful、senior（ポストが上の）となります。「政治家」は一般的には politician（自党優先の政治**屋**）。statesman は公共優先の政治**家**というニュアンス。モデル訳の an opposition leader は「野党幹部の1人」。日本語の**「リーダー」は1人しかいないニュアンスですが、1つの党でもその党を lead している人たちはすべて leaders** と形容することが可能。

　「消費税を廃止せよと要求した」は demanded the abolition of the consumption tax（東京都・田村友さん）や demanded that the government scrap the tax など、いろいろな表現が可能。repeal や revoke、do away with も結構です。ただし demanded to abolish the consumption tax（埼玉県・山崎忍さん）は廃止するのは首相ではなく自分であるかのように聞こえます。例: I demand to see the king.「王に会わせろ」

や んわりと「ノー」と言いました

An opposition leader called on the government to abolish the consumption tax. The prime minister replied, "I am afraid your request is not something we can consider at this time."

課題 32

「**日**本人がわれわれに『イエス』と言うときは、それはたびたびノーを意味している」と米国のビル・クリントン大統領は1993年4月にロシアのボリス・エリツィン大統領に語ったそうだ。

クリントン大統領が、来日を控えたボリス・エリツィン大統領にしたとされるアドバイスです。会談の席に随員が残したメモをもとに報道されました

ノーがはっきり聞こえない例

I hear that Bill Clinton, President of the United States, told Russian President Boris Yeltsin that when the Japanese say, "Yes", they often mean "No" in April, 1993.

――― 間鍋明裕さん（愛知県）の作品

ポイント
- ▼ 伝聞ならばはっきりと「伝聞です」（reportedly）
- ▼ 構文力（句の位置）が弱いと文の迫力が減ってしまう

便利な定番報道表現があるそうだ

課題は1993年4月のカナダでの報道です。「日本人はあなた方と同じ様には行動しないと知ることがとても重要である」と続きます。バンクーバーで行われた米ロ首脳会談における秘密発言が漏れたものだそうです。英語では"When the Japanese say 'yes' to us, they often mean 'no.' It is very important to know that the Japanese do not behave the same way with you."（随員が会談の席に置き忘れたメモを見て、テレビ局記者が構成し

イエスとノーが逆というのは致命的な意思疎通ミス。そんなことを日本人はたびたびしているのでしょうか。クリントンさんは大統領になる以前にも何度か訪日しており、日本人との会談経験が豊富。この発言は彼の経験に基づく実感なのでしょうか。

　課題での「〜（した）そうだ」には **reportedly**（福島県・神山広志さん）がベスト。Clinton reportedly said...ならば「クリントン氏は、（報道や人が）report したところによれば〜と語った」で、自然な日本語に訳すと、「クリントン氏は〜と語ったそうだ」。通常は Clinton said..., according to a news report.（クリントン氏は報道によると〜と言ったそうだ）などと書くところで、reportedly を使えば according to a news report や according to a source を省け、文章が短く引き締まります。また情報源を書きたくないときにも使います。

　allegedly（岩手県・阿部順さん）もよく、**真偽はともかく主張されていること**（裁判など）に使います（Clinton allegedly said...は A news report claims that Clinton said...と同様の意味）。reportedly、allegedly そしてモデル訳での **counterpart（同じ地位を持つ人**、埼玉県・首長有希さん）**は英文メディアの定番表現**です。

　冒頭作品はシンプルで読みやすい文体。同格などの文法も使いこなしており、実力はほぼ上級。最後の詰めは甘いようです。

　「1993年4月に」はコンマなしで in April 1993 となります（日付まで書いた場合はコンマが入る。例: on April 3 **,** 1993）。このような**副詞（句）は、誤読をさけるためにそれが係る語（ここでは told）のできるだけ近くに置きましょう**。間鍋作品はこんな意味に聞こえます。「（クリントン大統領がエリツィン大統領に）、日本人が『イエス』と言うときは、たびたび『ノー』を1993年4月に意味している、と話したと私は聞いている」

➡ Bill Clinton, president of the United States, reportedly told Russian President Boris Yeltsin in April 1993 that when the Japanese say "Yes," they often mean "No."

● ● ● ● ●

はっきりと書きましょう

　I hear...は「〜だそうだ、〜と聞いている」という表現。しかし hear

には I heard someone say ...（私は誰々が～と言うのを聞いた）という用法もあるため、伝聞なのか自分が直接聞いたのか紛らわしいことがあります。ちょっと紛らわしい例: I hear U.S. President Bill Clinton said to Russian President Boris ....（岩手県・照井修子さん）

「日本人」は the Japanese や、冠詞なし（複数）の Japanese（岐阜県・岡本達子さん）。Japanese people（北海道・安井久実子さん）も結構ですが、people を除いても同じ意味で、書き言葉では、ないほうが文章が引き締まります。

「イエス」は "yes" も引用符なしの yes も "Yes." も可能（「ノー」も同様）。すべて大文字で YES とするのは通常スタイルではありません（広告文など）。引用するのが文章ではなく単語のみでコンマかピリオドが次に来る場合、米国式は句読点を引用符の内側（"no,"）、英国式は外側（"no",）に置きます。引用文の中で**二重に引用**をする場合は、内側の引用符には " " ではなく ' ' を。引用符が連続してしまう場合はくっつかないようにスペース（".... 'no'"）を入れます。

「～そうだ」の続き。Clinton was quoted as saying ...（北海道・本村文宏さん）や according to reports（東京都・青柳佐世子さん、reports は報道記事）も正解。It was revealed that ...（埼玉県・福島康之さん）は間違いなく事実である場合に。It seems that ...（福岡県・戸敷英史さん）は個人的見解。クリントン発言がもし本当であれば、とんでもないこと。この報道に対して日本政府のスポークスマン（官房長官）は記者会見で「日本人がノーの意味としてたびたびイエスと言うことはない」と否定しました。一般論として、日本語では遠回しな表現が発達しているので、そのまま直訳すると逆の意味になることがあります。

は っきりと「これは伝聞です」と書いた文

"When the Japanese say 'yes' to us, they often mean 'no,' " U.S. President Bill Clinton reportedly told his Russian counterpart Boris Yeltsin in April 1993.

課題 33

「ハイ…ハイ…それについては難しいですね」「ああそう…。コショウをとってくれる?」「ハイ、どうぞ」「葉巻を吸ってもかまわない?」「ハイ、どうぞ」

↓ 米大統領と食事をとりながら会談をしてください。冒頭のハイは相づち。大統領は mind を使いました

海外勤務を控えた方が書きました

"Hum, it's impossible, I think." "Well, would you pass me the salt?" "Sure! Here it is." "Would you mind if I smoke a cigar?" "No, not at all"

――― 高橋浩一さん(千葉県)の作品

ポイント
▼ イエスとノーは日本語と英語とでは逆の場合も
▼ 相づちのハイ、mind の使い方も要注意

ハイ、でも私の意見はノーです

「この課題にはとっても頭を悩まされました。相づちのときの"はい"と、物を渡すときの"はい"、了承の"はい"。どれも言い方が違うんですよね…」(東京都・矢島綾子さん)

イエスとノーは英語と日本語で逆になることが多く、国際誤解をたびたび引き起こしてきました。クリントン大統領が「日本人がわれわれに『イエス』と言うときは、それはたびたびノーを意味している」と発言したことを紹介しましたが、大統領にこう思わせた理由はいくつか考えられます。(1) クリントンさんと話をしたときに、賛成できない発言に対し

ても**相づち「ハイ…ハイ…」を直訳して Yes...yes...（大賛成です）**と言った人がいる。(2)「それについては難しい」（「イヤ」の**婉曲表現**）のような慣用表現を直訳したので賛成ととられた。(3) 大統領が一服したくて Do you **mind** if I smoke?と聞いたら、「ハイ、どうぞ」のつもりで **Yes.（イヤだ）** と答えた。

このほかに、(4) 反対意見だったが、「No と言えない日本人」で**はっきりしない態度**だった、も考えられます。「日本語と英語では『ハイ』の訳が違うのでは会話のときは yes, no を言うのがこわくなり、"yes . . . no . . ."と両方言ってしまうこともあります」（千葉県・笠原由紀子さん）。大統領と会話をするとなると緊張して声が出なくなってしまうこともあるでしょう。

日本では和を大切にし、**反対であってもうなずいたり「ハイ…ハイ…」**と相づちだけはうちます（ハイと言っても賛成とは限らない）。「英米人は日本人ほど相づちをうたない」（千葉県・大塚孝一さん）です。相手の話を聞きながら反対であれば、相づち的に No . . . no . . . .（埼玉県・田中和子さん）と口を挟み議論するのも好きです。

冒頭の高橋さんは海外勤務を控えて応募を続けてこられた医師です。今回は「ハイ」「難しい」などのポイントは押さえています。残念なことに英語力とは関係がない細かいミスが…。末尾にはピリオドが行方不明。細部を調整すると➡ "Hum . . . , I'm afraid that's not possible at this time." "Well . . . . Would you pass me the pepper?" "Sure. Here you are." "Would you mind if I smoke a cigar?" "No, not at all."

● ● ● ● ●

混同すると誤解を招きます

「それについては難しいですね」について。「難しい」は交渉などで「（難しいから）イヤだ」という遠回しなノー。直訳の **difficult**（茨城県・藤田典子さん）は「難易度は高い、努力しないとできないが努力すればできる」という意味にしかならず、**イエスの余地があり相手に期待を持たせます。**➡ not possible などを使い断るほうが結局は得策。I'm afraid that's not possible at this time. は遠回しに「申し訳ないが現時点では無理ですね」。さらに婉曲に断る、Yeah, I hear what you're saying, but I don't think that'll work.（ウン、言いたいことは分かるけどうまくいかないと思

うな）なども可能。

相づちで Yes...（兵庫県・宮西万美さん）や Right.（島根県・川神正輝さん）、Uh-huh.（岐阜県・竹松松美さん）は基本的に「賛成」。中立は Yeah? や Hmm（フーム）などですが、言い方でニュアンスが変化。モデル訳では文脈から反対（No）と解釈しました。

テーブルで断りなく他人の前に手を伸ばしてコショウを取ると失礼。「コショウを取ってくれる？」は Could you pass the pepper? などをパッと言います（**ゆっくり言えばていねいに聞こえる**）。ほかに Please pass the pepper. など。「ハイ、どうぞ」と渡すときは Here you go. や Here you are. など。無言で渡しても可。Here it is. は「（コショウは）ここにあります」というニュアンス。

「葉巻を吸ってもかまわない？」は "Do you mind if I smoke a cigar?"（私が葉巻を吸ったらイヤですか）。mind するかどうかを聞かれたので、この文に対しての**「ハイ（吸ってよい）」は No.** です。略さずに書くと **No, I don't mind** if you smoke....

「ああそう」を "Ah, so."（東京都・松浦秀明さん）と言うと、発音が侮蔑のスラングに似ているので相手が気分を悪くすることがあります。

Do you mind my smok**ing** a cigar?（神奈川県・阿部真紀子さんなど）は「私が今吸っていること（my smoking）はイヤですか」なので、**すでに大統領は吸い始めています**。Could you **take** the pepper?（神奈川県・高木浩之さん）は「コショウを手に取ってください」という感じ。Could you pass me **a** pepper?（埼玉県・福原華子さん）は「コショウの実を 1 個ください」かな？

相づちでも「ノー」を明確にした例

"No...no...I don't think that's a good idea."
"Oh....Could you pass the pepper?"
"Here you go."
"Do you mind if I smoke a cigar?"
"No, go ahead."

EXTRA 号外

日米秘話：
課題にはノウハウが満載

　「いつも『簡単そうに思えてじつは難しい』ですね」（東京都・橋本尚美さん）。「初めての投稿です。たった2つの文でも、ああでもない、こうでもない、と考えさせられるものですね」（大阪府・谷本祥子さん）

　本書はジャパンタイムズでの新人記者研修を紙面で再現するというコンセプトで作られています。課題は重要ポイントのみを凝縮して学習用に構成しているため、不自然に見える文があります。しかし単なる架空の練習問題ではなく、ほとんどは現実にジャパンタイムズで記者が直面したケースが原案です。今回の「号外」では「難しい」課題のもとになった実話を紹介します。現代英語最前線のノウハウが課題に込められているとお感じになっていただければ幸いです。

　この課題は「野党の有力政治家が消費税を廃止せよと要求した。首相は『ご要望の件につきましては難しいと考えております』と答えた」でした。これはジャパンタイムズの記事が原因で日米貿易交渉が決裂した例が下敷きになっています。

　復習をしますと、第2文でのポイントは「難しい」（この場合はやんわりとした拒否）を difficult で直訳せずに I'm afraid that is not possible.（申し訳ないですが無理です）などと訳出することでした。

　発言した人が政治家などの場合、厳密に引用する必要があり、「難しい」を直訳することもあります。この場合、新聞記事では読者のために補足説明をする必要があります。私は「これは日本の政治用語で、impossible の意味だ」といった説明をつけ加えています。"difficult" — a term used by the Japanese when they want to say impossible や In Japanese political parlance, difficult means impossible. などです。

Chapter 7 日本人に共通するミス2——その単語、危険です！

143

「難しい」で日米交渉決裂

　1985年に、日米は貿易摩擦解決のためにMOSS（market-oriented, sector-selective）協議という名のハイレベル交渉を開始することになりました。さっそく、米農務省から4名の高官が来日し、輸入木材に対する日本の関税を下げさせる交渉をする予定でした。

　初日に、米高官たちは日本の外務省高官にあいさつに行きました。日本側は「木材の関税引き下げは難しい」と発言しました。私は当時、外務省の記者クラブに詰めていて、「日本側は"difficult"と述べた」と書き、それだけでは読者が誤解すると思い、解説（「真意はimpossible」など）をつけ加えました。

　翌朝、アメリカの交渉団はすべての予定をキャンセル、帰国してしまいました。

　各社の記者が外務省高官の部屋に取材に行くと、高官はソファに元気なく座っています。彼は私を見て話しだしました。農務省の交渉団長から、「今朝のジャパンタイムズに書いてあるimpossibleというのは本当か？」と詰問されたとのことです。

　「いやそんなことはない、あれは新聞による解説で、当方は『難しい』と言っただけだ」と答えたところ、「でもジャパンタイムズにこう書いてあるじゃないか」と、取り付く島がなく、"The Japan Times says so!" と繰り返し怒鳴ったそうです。

　ここまで話を聞いたところで、ソファのすみっこに座っていた私は逃げ出したくなりました。頭が重くなり、首が縮んできて、亀さんのように頭が胴体にのめりこみそう。

　でも高官の次の言葉で少し首が伸びました。農務省交渉団長から「impossibleではなく単にdifficultなのだと言うならば、関税を引き下げることができるんだな」と明確な返答を迫られ、最後には「たしかに『難しい』はimpossibleの意味で使う」と認めたそうです。

　それまで、米側は日本側の発言（**difficult**）はイエスの意味（**関税引き下げは困難を乗り越えればできる**）であると思っていました。それを信じて来日しました。ところが日本側に「これまでの発言はすべてノーの意味（関税引下

げはお断り）」と言われ、怒ってしまいました。対日不信感を持った交渉団はただちに帰国。それから半年間、交渉は再開されませんでした。

　外交交渉では、外国からの要求に対して、日本側が「それは難しいです」を連発します。ところが直訳して「それは difficult です」とする場合が多く、国際誤解・相手側との感情的しこりを残す原因となっています。

　英語の difficult は「難易レベルは高い」というシンプルな意味で、ノーの意味合いはないため、「それは difficult です」は「それは実現までに紆余曲折があるでしょう」といった感じになり、相手に期待を持たせてしまいます。ノーではなくイエスに近いのです。

　ちなみに、その後も日本は関税引き下げを拒否し続けましたが、アメリカの対日貿易赤字が 500 億ドルを突破する事態になり外圧が急上昇、とうとう 2 年後に関税を引き下げました。結局、この件については本当に difficult なだけだったのかもしれません。外交って難しいですね。

▍発信の時代には丸暗記は有害

　やさしく見える単語でも、**最初にきちんと理解**しておかないと、のちのちまで誤解が尾を引きます。最初に difficult と出合ったときに正しい意味をつかんでおけば、本書の課題で大きなミスをすることはありません。

　「やはり日本語と英語は異なる言語ですね」（神奈川県・渡辺紀子さん）ということを肝に銘じ、訳語に頼らずに、出合った単語を 1 つひとつ正しく理解することが大切だと思います。その単語を使ったやさしい文にどんどん接し、文中から意味を、訳語ではなく概念そのものとしてまた音として自分の脳で直接つかみ取る作業（やさしくたくさん）を。教材や英和辞典から与えられた訳語をそのまま暗記するのとはまったく違う作業です。その単語の意味（概念）とがっちり向かい合うことは、ビビッドな体験であり本質的理解なので、暗記をしなくても自然に覚えやすくなります。

　「difficult ＝ 難しい」と暗記するのは、簡単な勉強法です。以後はこの単語を訳すことができるようになり、受験にも合格するでしょう。しかし実際に世界に出て英語を使う段階になると役に立たない知識です。むしろ、誤解を生む

EXTRA

ので有害な知識かもしれません。英語を訳せれば事足りる時代は終わり、使えなくてはならない時代が来ています、丸暗記は危険です。

　日本語訳語で暗記したが最後、この公式は脳にこびりついてしまいます。一応上級者になっても、difficult という単語を見るたびに頭の中に「難しい」という訳語が浮かび上がり、英文を見ても表面的な理解しかできていません。英語脳ではない「訳読脳」が出来上がってしまいます。この影響は甚大。たとえば、英語についてはプロである外務省の外交官さえも、たびたび誤解を生んでいます。

Chapter 8

すれ違いコミュニケーション
──いつ・どこで・だれと・いくつ？

課題 34

シンデレラは王子様と月曜日午前0時に渋谷のハチ公前で会う約束をしました。

シンデレラは Cinderella、午前0時は midnight と言えます。遅刻しないで！

王子様と会えるでしょうか？

　Cinderella promised the prince to meet in front of Hachiko in Shibuya on Monday midnight.

　　　　　　　── 渡辺和子さん（東京都）の作品

ポイント

▼ midnight は、その日の夜12時
▼ promise は「約束」よりも重い

そしてシンデレラは……遅刻しました

　夜の12時（midnight、午前0時も同じ）になると魔法が解けてしまうのに、思い切ってデートの約束をしたシンデレラ。しかし208通の応募のうち、約束を守れたシンデレラはわずか5名でした。

　「『月曜日午前0時』が、じつは英語では違う曜日だったりして…とかちょっと思ったのですが、午前0時で日付が変わるのはきっと万国共通だろうと思い、そこは素直に訳しました。でもこれがあいまいだと、シンデレラは王子様に会えませんよね」（神奈川県・中川直子さん）

　そのまさかです。**月曜日午前0時は、英語では Sunday midnight**（日曜日の午後12時）です。midnight とはその日の最後の瞬間。分解すると「night の mid 部分」、つまり（その日の）夜の真ん中＝その日の夜12時0分＝翌日午前0時。その日の 12 o'clock at night と同じ意味です。

　日本語の標準的な用字ルールでは「（その日の）午後12時」とは書か

ずに「(**翌日**の)午前 0 時」と表記します。日英の違いの例を挙げると、1999 年 12 月 20 日午前 0 時きっかりに、ポルトガルはマカオを中国に返還しました（442 年ぶり、アジア最後の植民地でした）が、日本の新聞は返還時刻を「12 月 20 日（月曜日）午前 0 時」と報道しました。一方、海外メディアの表現は Sunday midnight でした。

　midnight については、もうひとつ注意することがあります。英和辞典では「真夜中」「夜半」と訳されますが、これらの日本語はあいまいで、けっこう広い時間帯も指してしまいます。midnight は広義で「夜 12 時の前後」としても使われますが、それでも「夜半」よりも**範囲がもっと狭い**のです。なお、広義に解釈されるとどちらの日なのか分かりにくいので、販売イベント（「タイタニック」ビデオ販売開始など）は midnight に設定することを避け、1 分ずらして午前 12:01（翌日であることが明確になる）に開始されるようになりました。

時間や場所は正確に書く

　冒頭の渡辺シンデレラは、約束の時間に丸一日遅れてしまいました！Monday midnight とは「火曜日午前 0 時」のことです。王子様は恋に落ちているので、24 時間ぐらいはハチ公の前で待ってくれるかもしれません。それ以外の人と待ち合わせをする場合には、**日本語と英語では時間の表記にずれがある**ことにご注意。

　渡辺作品はきちんと意味が通ります。promise を使う場合は直後に約束した内容自体を持ってきて promised to meet ～ という形が自然です。on Monday midnight の on は不要で、at midnight ～ とするほうがすっきり。

➡ Cinderella promised to meet the prince in front of Hachiko in Shibuya at midnight Sunday.

　なお、**promise は厳粛な表現**（必ず～すると約束し相手を安心させること、いわば指きりげんまん的状況）。もし promise を破った場合（遅刻）は、王子様の心は傷つき、"You promised!"（約束したじゃないか！）と怒ります。日本語では「会う約束をした」とよく言いますが、デートの約束はもう少し軽いニュアンス（会うことにした）のケースが多いかもしれません。

　島根県・藤江淑子さんのように、Cinderella made an appointment with

Prince 〜とした場合、王子とデートというより、医師などと面会予約する感じ。

　なお、a prince（大阪府・坂本英彰さん）とすると「あるどこかの国の王子」（これも正解）。たいていの読者が民話を読んですでに知っている人物なので the prince（あの王子様）と特定してもよいでしょう。prince という言葉自体に敬意がこもっているので王子「様」を訳出する必要はありません。Cinderella は特定の存在ですが人名であるために冠詞（the）はつけません（大文字により特定感があり、the は不要）。

　文章の中で場所を先に書くか時を先にするかは、どちらも副詞句として対等な立場で動詞（会う）に係っているので、どちらでも正解。一般に「時」が短い語句なので動詞の直後に置くと引き締まります。「ハチ公前で」は正面で待つとは限らないので by 〜も結構です。**meet は「初対面で会い知り合う」、see は「すでに知っている人にまた会う」**という区別がよくありますが、この文では meet の第 2 意味「（待ち合わせ場所を決めてそこで）集合する」（例文: I will meet you at . . . .）なので気にしなくて結構です。

　静岡県・杉山ゆり子作品は Cinderella said to the Prince, "I'll never fail to be in front of "Hachiko", a statue of a dog, in Shibuya, Tokyo, at midnight on Monday." ハチ公とは犬の像であり、渋谷とは東京の地名であることをつけ加えた、読者に親切な文。never は「すべてのケースで決して〜しない」（not ever）というニュアンスなので「これから毎週ハチ公前に行くわ」という感じも。すっきりさせると ➡ Cinderella said to the prince, "I won't fail to be in front of the 'Hachiko' dog statue in Shibuya, Tokyo, at midnight Sunday."

約束を正しく表現し、親切な文

Cinderella agreed to meet the prince at midnight Sunday in front of the Hachiko dog statue in Shibuya, Tokyo.

課題 35

彼女は壁の時計を見た。午後0時35分だった。「さっき目が覚めたの。今そちらへ行きます」と電話で彼に言った。

デートの約束を忘れていた人が慌てて自宅から電話している情景です

また時間を間違えました

She looked the clock on the wall. It was 35 minutes past midnight. She called him, "I waked up just now. I will go there soon."

——— 小南智子さん（愛知県）の作品

ポイント

▼ 日英では「午前午後が逆」に見える
▼ see、look、watch で情景は変化する

時計の文字盤を見て英語に

「今週はうまくデートできるでしょうか」（神奈川県・佐藤洋子さん）

ブロークンな英語で話しても、相手が場面から判断してなんとか通じることは多いものです。しかし数字が出てくる表現、とくに「時」については要注意。正確に表現しないと、デートやビジネスの待ち合わせで相手を怒らせてしまいます。**「時」は日英両語とも、あいまいな慣習表現が多いために誤解が起きやすいのです。**通訳をされる方などは、**念のために他の表現にも言い換えて確認する**など、細心の注意を払いましょう。

日英では「午前午後が逆」に見えることがあります。「午後0時35分」は「0:35 p.m.」（香川県・大橋仁美さん）ではなく、英語ではなんと

「**12**:35 p.m.」（石川県・金丸裕子さん）。なお 12:35 では真ん中の colon (:) は発音せず twelve thirty-five と読みます。話し言葉では 12:35 in the afternoon と言います。

英語ではお昼なのに「午後 12 時」と書くことになります。これは、**時計を見てそのまま表現する**慣習のため。お近くの時計をご覧ください。文字盤で「1（時）」の 1 つ前は「0（時）」ではなく「12（時）」です！ 分かりにくい場合は時計を見ながら書いてください。

「（パソコンの）『ウィンドウズ』日本語版では、北米の習慣にのっとって、正午を『午後 12 時』とする表示のために、利用者が混乱しがちという新聞記事が（ありました）」（東京都・岩崎友美さん）。じつはアメリカ人も混同しますので**正午は** **noon** と書くのがベスト。各種文書、パソコンや軍などではゼロを使ったり、24 時間表示やグリニッジ標準時併用などさまざまな試みがあります。しかし普及していません。グローバル化が進むなか、**世界の「時」はいまだ統一されていない**のです。

真夜中の「午前 **0** 時」の場合はデジタル時計などでは "**12**:00 a.m." となります。こう書くと紛らわしいので実際には midnight や twelve midnight や twelve o'clock at night と言いましょう。

せっかちな小南さん（冒頭作品）はデートに遅刻するのではなく、逆に早く（半日も！）行ってしまうところでした。課題では「午後 0 時 35 分」なので 12:35 p.m.や 35 minutes past noon が正解。小南作品の 35 minutes past midnight とは「夜の 12 時（つまり午前 0 時）を過ぎて 35 分」ですから午後ではなく「午前 0 時 35 分」になってしまいます。

東京都・山崎宏明さん（作品は It was 12:30.）など、午前なのか午後なのかを書き忘れた作品がかなりありました。日本語では「**12**:30」と書くとそれだけで午後（昼）に見えます。しかし英語では昼（12:30 p.m.）に会いたいのか夜（12:30 a.m.）に会いたいのか、デートの午前午後をはっきり指定してください。

● ● ● ● ●

待ち人来たらず？

「壁の時計を見た」について。She **looked at** the clock on the wall. が標準です。She **saw** the clock（静岡県・内田有香さん）はニュアンスが違います。see は「他のものを見ていて、視野の中にたまたま（時計も）見

える」**おだやか**で受動的な感じ。**look at は意識的**に目的があって（時刻を知るために）一度見る（focus する）こと。

She **watched** the clock（兵庫県・松岡左知子さん）は「**じーっと長い間見続けた**」。待ち人が現れず、松岡さんは繁華街でビル壁の大時計を見たまま立ち尽くしていたのでしょうか。

課題での時計は clock です。**watch**（静岡県・真野里美さん）は腕時計など**ポータブル**なものを指します。また壁時計として辞書に wall clock（兵庫県・田中悠三さん）とありますが普通は使いません（カタログなどでの分類用語）。小南作品の the clock on the wall が自然でリズムもあり、時計表現なのでぴったり。チクタクが聞こえてきそうです。

東京都・松浦秀明作品の She watched **a** clock on a wall. では不定冠詞 a（これは不特定感＜unfamiliar＞ が出る）を使ったために「（どこか見知らぬ街で建物の）壁の（たくさんあるうちの）1 つの時計をじーっと見ていた」と寂しい感じ。これに対して She looked at **the** clock on **the** wall. は「（自宅の）壁にかかっている（いつもの）時計を見た」というアットホームなニュアンス。

「さっき目が覚めたの」にはいろいろな言い方がありますが、I just woke up.（和歌山県・河谷理恵さん）や I've just woken up.（東京都・山田由紀さん）が標準。wake の過去形には waked（小南作品など）と woke がありますが、「目が覚めた」には普通、woke を使います。

「さっき」は just や just now がよいでしょう。just (now) は「ついさっき、たった今」で、数秒か数分前です。それより以前は a little while ago で 30 分前から 1 週間前ぐらい。some time ago はもっと意味の幅が広いあいまい表現で、数か月、数年前を含みます。

チクタクが聞こえ、午前午後を取り違えていない文

She looked at the clock on the wall. It was 12:35 p.m. She called him and said, "I just woke up. I'll be there soon."

課題 36

最近君に会ってないな。今度の日曜日に会おうよ。一緒に食事をしよう。

電話で話しているところです。今度こそ会えるといいですね

待ちぼうけにならない稀有な作品

I haven't seen you lately. Why don't we meet this coming Sunday? Let's have a meal together.

――― 志村清四郎さん（神奈川県）の作品

ポイント

▼ next ＝「次」ではなく、「this の次」
▼ Sunday が何日を指すかは文脈依存

今度は会えましたか？ 曜日は重要です

英文記者にとって時や数字を正確に表現することは基本。とくに曜日は重要。日本語では「何日」と言うところも、英語では（前後2週間ぐらいは）曜日で表現されます。

今回の課題は神奈川県・水口千佳さんからいただいた体験談をヒントにしました。「以前に外国人の知り合いと待ち合わせをしようとしたとき、私は次の（その週の）金曜日というつもりで "next Friday" と言ったところ、**待ち合わせ場所に行ったらその人は来ませんでした**。確認したら、"next Friday" と言うから来週の金曜日だと思っていた、と言われてしまいました。「今週の」なら "this Friday" でよかったのですね」。

課題の「今度の日曜日」を **next Sunday** と訳すと、「次の次の」日曜日と理解されることがあり、行き違いが起こります。今回のご応募で約200作品が惜しくも待ちぼうけ作品でした。「今度の日曜日」を指して通

常は単に Sunday または this Sunday と言うため、わざわざ next を追加すると「さらにその次の日曜日のことだな」と感じられるためです。**next は「今回のもの (this) の次」**という語感があります。

　これは文法上の理由というより、感覚的なものです。神奈川県・佐藤みゆきさんが「『時』についての表現が自分の中であいまいだった」とコメントされていますが、**英語でも日常表現はあいまい**です（学術表現と違い、もともと定義がはっきりしない）。**約束するときは「必ず日にち、朝、夕などを何度も繰り返し」確認し合うことが不可欠**です（千葉県・笠原由紀子さん）。

　混乱防止のため、ジャパンタイムズなど多くの英文メディアでは次のような表記スタイルを採用しています。「今日から数えて前後それぞれ**1週間以内の曜日に next や last などの語はつけない**（つまりどちらも単に Sunday）。意味が重複し、何日を指すのかが分からりづらいため。**それ以外の日については曜日ではなく日付**（例: April 30）で書く」

● ● ● ● ●

曜日をめぐるミステリー

　単に Sunday とあるときは、前後どの日を指すのか、**文脈（時制）から解釈**します。動詞が過去形であれば前回の日曜日（例: He finish**ed** the job **Sunday**.）。未来形であれば次回の日曜日（「今度の日曜日」）を指します（例: She **will** return **Sunday**.）。その日を強調したいときや口調により on Sunday となります。

　冒頭作品は「今度の日曜日」を誤解が起きる余地がないように表現した優秀作品。普通の場合、「今度の日曜日」をはっきり言うには this Sunday（埼玉県・野沢昭人さん）です。しかし厳密に言うと、**this ということばには近接（near）感があり**、前後どちらの日曜日でも近ければそれを指す感じがします。たとえば今日が月曜日である場合に this Sunday（この日曜日）と言うと昨日のことにも聞こえます。

　そこですれ違いが絶対に起きないように**確認する際に使われる念のため表現が this coming Sunday**（今度やってくる日曜日）。ちなみにこの逆で、明確に前回の日曜日と言いたい場合は **this past Sunday**（このほど過ぎ去った日曜日）です。カレンダーを見ながら練習してください。

　第1文の「最近君に会ってないな」は志村作品の I haven't seen you lately.

が自然で会話的。I haven't seen much of you lately. という表現もあります。I haven't seen you recently.（北海道・沼岡正子さん）は少し硬いですが同じ意味。I haven't seen you of late.（神奈川県・鴨井勇さん）は前半は短縮形で口語的、後半の of late（昨今は）が文語なのでちぐはぐな印象。

これらのように知人に会って時間をともに過ごす**「会う」には** see をよく使います。meet は「初対面で出会う」という意味もあります。ただし「〜日に会おうよ」という文脈では OK。この場合の「会う」には **get together**（兵庫県・三木学さん、米語）がピタリで、2 人で会うときにも使います。イギリス英語では Shall we meet Sunday? など。

日本語では「一緒にお食事でもいかが」とよく使われますが、lunch とか dinner とかはっきりしてくれないと英語では言いにくいですね。志村作品では have a meal で切り抜けています。ただし meal は無味パサパサな表現（給食や非常食の「食」のニュアンス）です。Why don't we go get something to eat? や Let's go eat somewhere. などが可能。なお dinner が昼食をさす用法がありますが、一般的ではありません。

神奈川県・古賀明作品の How about dinner? はこれから女性を口説こうというときに使えます。逃げられそうな相手の場合は無害に聞こえる「lunch でも」と言ったほうが成功率が高いでしょう。なお breakfast、lunch、supper、dinner は a をつけません。食事を形容する場合には That was a good breakfast. などと言います。

I haven't seen much of you lately. Why don't we get together Sunday and have lunch or something? のように第 2、第 3 文を一緒にすると最も自然な口調になります。

Let's eat out together!（神奈川県・諸伏久美さん）は「一緒に外食しようよ」で、eat out は自炊に対して外食することです。

要するにこういうことです
I haven't seen you for some time. Can I see you Sunday? Let's have lunch or something.

課題 37

彼氏と昨日、隅田川で釣りをした。今日は東京・日本橋にある日本橋の上から釣りをした。明日は伊豆大島に遊びに行く。

これは彼氏と釣りを毎日している女性の日記。大島へは日帰り旅行です

川に着く前に釣りをし、川では浮上した女性

Yesterday I went fishing to the Sumida River with my boyfriend. Today we fished over the Nihombashi Bridge in Nihombashi, Tokyo. Then tomorrow we are making one-day trip to Izuohshima.

――― 伊藤彰子さん（長野県）の作品

ポイント

▼ 恋人は boyfriend、男友達は male friend
▼ 「～川」「～橋」はどこまでが固有名かを考えて訳す

誰とどこで魚を捕まえました？

「彼氏」（恋人）は boyfriend（茨城県・清水香織さん）が正解。岐阜県・岡本達子さんは male friend（男性の友人）で、彼氏ではなく他の男と釣りに行ってしまったのでしょう。日本語の「ボーイ**フレンド**」は男性の友人程度の意味に使われるようですが、英語 boyfriend は恋人を指す単語です。あまり使いませんが分離して boy friend（京都府・川田桂子さん）と 2 語で書けば男友達と解釈可能です。

カレをそのまま直訳した him と釣りをしたのは愛知県・前田恵子さん。日記というものは自分だけ判読できればよいわけで何でもありでしょう

が、いったい誰と釣りをしたのかミステリーです。

　英文日記では主語を略したり、箇条書きのような書き方が可能です。名前を使って親しみを込め Enjoyed fishing with Sam...（千葉県・木下克明さん）とすることが考えられます。fishing with S.（イニシャルのみ）と書くと秘密っぽくていいですね。この解説では、課題の女性は英語学習のために普通の英文で日記をつけていることにして進めます。

　「日本橋」（東京都・中央区にある、日本橋と呼ばれる地域）は、**地名は全体が固有名詞なので「橋」は訳さずにそのままローマ字で Nihonbashi** とします。なお、一部のメディアでは Niho**m**bashi と表記します。これは英語圏の人たちに発音しやすいように **n → m と変えてしまう表記法**が存在するためです（統一ルールがなく、どちらが正しいということはありません）。破裂音 b（や p）は直前に口を閉じるため、直前の n は m に聞こえます。日本語で「**は**し」（橋）が自然と「にほん**ば**し」とにごるのに似ているかも。

　日本橋（地名、Nihonbashi）には日本橋（本物の橋、Nihonbashi Bridge）があります。江戸時代から日本の道路の起点です（現在の橋は架け直したもの）。「〜橋」などは、**日本人が読んでもピンとくるかこないかで判断します**。この橋が「日本」という名前の橋と考えられれば Nihon Bridge と訳します。「〜橋」も現在では名前の一部となり不可分と感じられる場合には Nihon**bashi** Bridge（日本橋という名前の橋）と訳します（東京都・瀬戸一郎作品ほかがこれ）。隅田川については、「隅田」でなんとなく分かる（「〜川」を切り離して考えることが可能）ので the Sumida River でよいのではと思います。

　冒頭作品は出だしがビートルズの歌をほうふつとさせます。英語力の骨格はできています。➡ Yesterday I went fishing in the Sumida River with my boyfriend. Today we fished from Nihombashi Bridge in Nihombashi, Tokyo. Tomorrow we are going on a day trip to Izu Ohshima Island.

● ● ● ● ●

前置詞のニュアンスの違い

　「釣り」は第 1 章の復習です。went fishing **to** とは言いませんが、解釈してみると「釣りをしながら（川）**へ**行った」という感じ。「（川に）釣りをしに行った」は標準的には went fishing in the river で、魚は水**中**で捕

まえる（釣る）ため。went fishing on the river や went down to the river to do some fishing や fished the river（神奈川県・川口毅さん）も可能。

　over は「（接触せずに）上のほう」、**on** は「接触している」ことを表します。fished **over** . . . Nihombashi Bridge と書くと、1) 日本橋の上（上空?）から釣りをした、あるいは 2) 釣り糸を日本橋を横切って飛ばした、という感じ。「橋（の上）から釣りをした」は fished **from** the bridge で結構です。fished while sitting on the bridge も可能。fished on Nihonbashi Bridge（東京都・西村一志さん）は釣り糸が川でなく橋の上に垂れている感じ。fished from the top of . . . Nihonbashi Bridge（埼玉県・田中和子さん）は転落注意!

　「遊びに行く」について。go to Izu Ohshima to play there（神奈川県・田中啓之さん）の **play** は子供たちが跳び回って遊ぶこと。ここでは意訳して go on a day trip とできます。これは「楽しい」ことを内包しています。

　伊豆以外にも「大島」という地名は多いので、「伊豆諸島の大島」(Oshima Island in the Izu island chain) と表現して区別することもできます。スペルは Oshima でも Ohshima でも結構。日本語の「オ」も「オー」も英語では o に近く聞こえるため、ジャパンタイムズでは「**オー**しま」も Oshima と表記します。

　「日本橋」（橋の名）は単に Nihon Bashi（徳島県・市原健次さん）では日本語が分からない読者には地名に見えてしまい、bridge であることが分かりません。Japan bridge（東京都・青柳佐世子さん）は「日本の（どこかにある）橋」。

恋 人と橋から釣り糸を垂らした兵庫県・堀井正夫作品

　My boyfriend and I went fishing in the Sumida River yesterday. Today, we fished from Nihonbashi Bridge in Nihonbashi, Tokyo. We are going to take a day trip to Izu Oshima Island tomorrow.

課題 38

日本社会の高齢化が進み、100歳以上の日本人の数が昨日、1万人の大台を越えた。一方、15歳未満の人口は減少しつつある。

「以上」「未満」の意味は?

「恥を忍んで応募」していただいた作品

Japan has being rapidly aging. The number of Japanese over 100-years old exceeded the ten thousand mark yesterday, while the population of children under 15-years old has been on the decline.

——— 小伏喜代子さん(大阪府)の作品

ポイント

▼「以上」は over でも more than でもない
▼「以下」はその数字を含み、「未満」は含まない

数字を制するもの、すべてを制す

まずはヒント:「高齢化」は aging と訳せます。

今回のポイントは「数字を正確に扱う」ということです。

みなさん、なんらかの文を書かなくてはならないときや、人前で話さなくてはならないとかで、草案を書いてみてみたが、「あまり出来がよくないな」と思ったことはありませんか。そんなときは、スパイスとして「数字(統計)を入れる」とカッコよくなります。

新聞記事にはたいてい数字が入っています。**「どんな記事にも必ず数字を入れる」**というのはジャーナリズムの基本ノウハウ。たいした事件でな

い場合であっても、統計などを書き込めばいかにもニュースらしく、見映えがよくなります。また、関連の統計を探す作業を通し、記事の質が高まります。

　数字を使用すると知的な雰囲気がかもし出され、その人にある種の力を与えます。数字を活用して出世した政界人に、故田中角栄元首相と故竹下登元首相がいます。竹下氏が総理のとき、私は首相官邸担当記者でしたが、竹下氏は記者団と懇談する際に、各省の役人や国会議員の年次や年齢、その他ありとあらゆる数字を列挙してみせるのが好きでした。これは「私は官界、政界を把握している。だからこれからも政権を担当しつづける能力がある」という意味のデモンストレーションでした。

　というわけで数字は大切です。でも正確に引用しないと、知的な雰囲気は台無しになってしまいます。日英では数字関係の表現が違います。今回、上級者も含め、ほとんどの応募者は「以上」を誤訳していました。

　「以上」はその数字を含む、"over" は含まない。「未満」も含まない、というのが要点です。そこで「100 歳以上の日本人」は Japanese aged 100 **or older** や Japanese aged 100 **or over** などとなります。

　ここで単に over 100 とすると、100 歳ちょうどの人は含まれなくなってしまいます。over は「〜より上」（above）が原義で、数字に対して使うと more than の意味になります。なお、over はあいまいに使われることもあり、また数字について使うのは、本来は不適当。**「〜を超える数」ということを誤解なく表現したい場合には** more than が使われます。

　「以上」とは、「その数字か、あるいはそれより多い」という意味なので**「100 以上」ならば 100 or over（文脈によっては 100 and over）**となります。

　「15 歳**未満**（の人口）」は under 15 で OK です。「以上」も「大台を越えた」も正確に訳した広島県・坂見末次さんは the population aged 15 or younger としましたが、これは「15 歳未満」（15 を含まない）ではなく、「15 歳以下」（15 を含む）の意味になってしまいます。

● ● ● ● ●

何歳でも脳はよみがえります

　冒頭の小伏作品にはコメントがついています。「『ウン十年前』に勉強していた英語を、もう一度やり直してみたいと思い、初めて応募しまし

た。頭が固くなっていて、なかなか思いどおりに英語が出てきません。以前にも幾度か応募しようと思いましたが、幼稚な訳文なので恥ずかしくて応募できませんでした。『ボケ』防止のために、挑戦しようと思い立ち、恥を忍んで応募しました」

　この、「**恥を忍んで応募**」というのが、英語力を飛躍させるポイントです。作品をサムと他の読者に見せるので緊張して（頭が活性化して）書いて、書き直し、思い切って投稿。やがてそれまでの限界を突き抜けた力がつきます。

　小伏作品は玉石混交。Japan has being rapidly aging.の has being は正しくは現在完了（has のあとに過去分詞 been）にして has been ～（今までに～してきている）にします。なお、小伏作品の後半では正しく has been が使われています。

　「高齢化」は小伏作品の aging のほか、英語で白髪を **gray** hair ということから graying とも。The society is getting older. でも分かります。

　Japanese over 100-years old は「百歳の誕生日を越えた日本人」と解釈できますが、Japanese aged 100 or over が標準的な表現です。

　「100 歳以上の人たち」という意味の centenarians（奈良県・長田曠一さん）を使うのもグッドアイデア。

　東京都・吉田美那子さんのように Japanese who are more than ninety-nine years old（99 歳を超えた日本人）も可能でしょう。

　「『1 万人の**大台を越えた**』」という表現は第 5 章でも扱いました。小伏作品の **exceeded** the ten thousand mark と **topped** ten thousand（神奈川県・松田絢子さん）が標準的な表現。shoot past the 10,000 mark なども可能。

や さしく正確に書いた例

As Japan's society becomes older, the number of Japanese aged 100 or older climbed above 10,000 for the first time yesterday. Meanwhile, the population of those under 15 is declining.

号外
おばさんとおばあさん

　ジャパンタイムズの優秀な記者諸君も、たまに奇妙なミスをすることがあります。

　ある記者が、InterFM という外国語ラジオ局（ジャパンタイムズの関連会社、首都圏で放送）の企画番組紹介を英訳し、その原稿チェックを私が担当しました。

　原文は、「慶応大学の学生が『おばさん』について大議論。行儀の悪いおばさんにならないための方法などを話し合う」。

　この「おばさん」を訳すのは難問です。某大和英辞典には aunt（伯母さん）としか書いてありませんが、これでは誤訳。また、単に middle-age women ではあつかましいニュアンスが出ません。

　さてこの記者の原稿を見ました。「おばさん」を訳して、なんと "old women" とありました。これでは中年を通り越して「おばあさん」になってしまう！

　さりとて私も名案が出ないので、日本語が分かるオーストラリア人の校正記者に相談しました。「オバタリアンのことか？」と聞くのでそうだと答えると、**pushy middle-age women**（あつかましい中年女性たち）と訳してくれました。

　「おばさん」（や「おじさん」）はときどきジャパンタイムズの社会面や学芸面に登場しますが、英語にこのニュアンスを持つ語はありません。イタリックで *obasan* として、その行動パターンを説明したり、いつも試行錯誤で書いています。

Chapter 9

基本に戻り、深い英語の世界へ

課題 39

『アルファベットの歌』には、読んだり書いたりするために必要なすべての字がそろっている。

"A - B - C - D …" で始まる有名な歌です。『キラキラ星』とメロディーが同じです

日本人に多い構文ミス（不思議な意味！）

All letters that are required to read or write are included in the Alphabet Song.

――― 高田理子さん（埼玉県）の作品

ポイント
▼ 冠詞を間違うと、何を指すのか不明瞭
▼ 構文を間違うと、とんでもない意味に

もやもやをスッキリさせるのが the

「恥ずかしながら『キラキラ星』も『アルファベットの歌』も知りません。ドレミの歌なら分かるのですが」（兵庫県・井上日出子さん）

『アルファベットの歌』にはいろいろなバージョンがあります。例: A - B - C - D - E - F - G, H - I - J - K - L - M - N - O - P, Q - R - S - T - U and V, W - X - Y and Z. Now I know my A - B - C's. Next time won't you sing with me? 英語のアルファベット26文字がすべて登場する楽しい歌です。

「アルファベットの歌にはいろいろな歌名があるようですが（歌集によって違います）。The ABC Song、The Alphabet、Alphabet Song どれを選ぶべきでしょうか」（福岡県・城戸恵子さん）

どれでも結構です。昔からある読み人知らず童謡（いわゆるマザーグース）で、正式名もはっきりしないようです。幼児に初めて教えるとき

は The Alphabet という名前は難しいので、具体的な名前 The ABC Song として教えることがあり、名前が一定しない一因になっているようです。

冒頭作品の高田さん：「今回の課題は、結構冠詞に自信があります。が、普段の作文では相変わらず冠詞に悩んでばかりです。The がわかる本というのも買ってみましたが、どうもすっきりしません。のみ込みが悪くて悲観しています。ご指導どうぞよろしくお願いします」

高田作品は関係詞 that の用法など部分的に上級。しかし訳読式理解（訳読式誤解）があり、冠詞もすっきりしません。この英文を訳読すると、確かに課題原文にできますが、意味はまったく違います。日本人にとても多い直訳構文です。**誤解を解くヒント: 高田作品では read and write をいったい誰がするのか**、以下を読む前に考えてみてください。

定冠詞 the の役割は、すっきりさせる（何を指しているかを明確にする、特定する）ことです。「読んだり書いたりするために必要なすべての字」において、この「すべての字」は強烈に特定されているので all the letters が自然です。冠詞がないといったい何を指すのか、もやもやした感じがします。単に all letters と書くと、この世に存在する、すべての字（日本語や中国語の字も含み、何百万もあるでしょう）のような感じもします。課題では文脈から英語の ABC...26 文字に特定されているため、the は「この文脈で特定された範囲の『すべての字』のことです」を示します。添削例➡ All **the** letters that are **needed** for reading **and** writing are included in **T**he Alphabet Song.

・・・・・

英語では構文から意味が決まります

また、日本語と違い英語では動詞に対する主語の省略がしにくいために、高田作品では read and write をいった誰がするのかがもやもやしています。ズバリ言いますと、この構文では、**人間ではなく、直前にある letters が read and write するということです！ 動詞の直前にある名詞が主語**と受け取られます。擬人的というかマンガチックというか、不思議な現象ですね。➡なんらかの形で主語を補いましょう。たとえば all the letters (that) **we** need to read and write とします。あるいは、動詞ではなく動名詞（これならば主語は不要）を使い、all the letters (that are) needed for read**ing** and writ**ing** とします。

all でなく every で処理しても課題と同じ意味になり、合格。The Alphabet Song has every letter you need when you read and write.（愛知県・今泉祐子さんなどがこのタイプ）

　ここでの「必要な」はシンプルに「ないと読み書きができない、不可欠」なこと。need か necessary を使うのが正解。are **required** は「（何ものかに『この字を使え』と）要求されている」こと。essential（愛知県・鎌塚曜子さん）は「エッセンス的な、大切な（字のみ）」なので、これで書くとアルファベットの中で主要でない文字（Z とか?）はこの歌には存在しないことになってしまいます（大切な文字ならば、この歌に入っている）。

　「読んだり書いたりするために」は直訳の to read or write も使われますが、or の本来の意味は「片方**だけ**」です。あいまいさを排して to read **and** write とするのがベター。「読んだ**り**書いた**り**するために」とは「読むことと書くこと両方のために」を指します。

　「～がそろっている」は contain、include、introduce、feature も使えます。

　「字」は letter です。アルファベットを指しているので word ではありません。character は可能ですが、通常は複雑な字体（漢字やエジプトの象形文字など）のニュアンス。

　『アルファベットの歌』について。課題では固有名詞であること（アルファベットが歌詞に登場するさまざまな歌ではなく、この歌だけのこと）をはっきりさせるために、かぎかっこをつけました。英訳では引用符（" "）はつけてもつけなくても結構です。英語での**固有名詞表記ルールは「各単語の最初の字を大文字で書く（前置詞などは小文字のままにすることが普通）」**。" " は引用符なので本来は「これは引用です」「こんな風に呼ばれています」という意味で、固有名詞とは限りません。映画タイトルなど、" " をつけないと読みづらい場合に使います。歌にも使う人は多いようです。

　主要語句を大文字にした The Song of Alphabet（東京都・細野耕司さんなど）は文法的に正解です。"The alphabet song"（東京都・稲葉昌子さんほか）といった、**大文字にしていない表現は、固有名詞ではなく引用にすぎず**、意味は「アルファベット（が出てくるいろいろな歌の1つである）その歌」ということになってしまいます。

なお、歌名などタイトルでは、the を省略することがあります。大文字で書いているので特定な存在（ここでは固有名詞）であることはすでにはっきりしており、the（特定なものであることを示す定冠詞）がなくても意味が通じるためです。

　"The song of Alphabet"（広島県・中前琢磨さんほか多数）。 ➡ Song も大文字にしましょう。『アルファベットの歌』では、「歌」も歌名（固有名詞）の一部だからです。

鳥越久未さん（神奈川県）のイラスト

も やもやせず、この歌のようにすがすがしい文

The Alphabet Song has all the letters you need to read and write.

課題 40

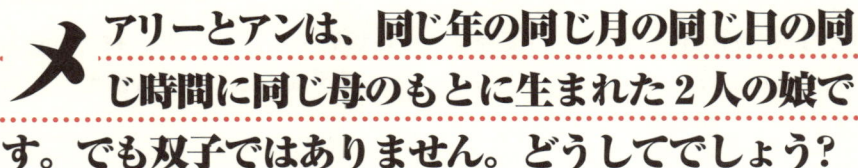

✐ **アリーとアンは、同じ年の同じ月の同じ日の同じ時間に同じ母のもとに生まれた2人の娘です。でも双子ではありません。どうしてでしょう？**

なぞなぞとして書いてください。答えも考えましょう

小学5年生による読みやすい作品

　　Marry and Ann were born on the same year, month, day and time. They were also born from the same mom, but they are not twins, Why is this? This is why Marry and Ann were triplets or quadruplet.

——岩尾たつ実さん（広島県）の作品

ポイント
▼ 文体は文章の目的によって決める
▼ 前置詞は同様表現から類推して決める

なぞなぞはわざわざずらずら並べます

　今回はなぞなぞ（riddle や puzzle）にしてみました。「前置詞と冠詞がすごく難しく、分からないよ〜とわめいてしまいました」（東京都・大井麻子さん）という方と共に、なぞなぞで悩んだ（楽しんだ）方も多いようです。

　「一生懸命考えたんですけど、どうしても（なぞなぞの）答えが分かりません。早く知りたいです」（北海道・石村晃子さん）。「この課題のなぞなぞを昔、聞いたことがあります。……でも答えは記憶にありません」（神奈川県・鴨川奈央子さん）。「なぞなぞの答えは自信があります！」（神

奈川県・上山明美さん）

「試験管ベビーだから」「クローンだから」「じつは双子座のこと」など、いろいろな名答（迷答?）もいただきました。

課題の文体について。「same を連発するのにちょっと抵抗あったんですけど……難しいですね」（熊本県・濱崎奈々美さん）。なぞなぞは、なぞを深め相手を煙に巻くため、物事のある一面を強調して単語をずらずら並べたり、解答には必要のない部分（2人の名前など）を具体的に付け加えたりします。課題も**なぞ度を高める目的のためにわざとくどい言い方**をしています。

シンプルな書き方をすると Mary and Anne are sisters born on the same day and year. Yet they are not twins. Explain. などとできます。

冒頭作品は課題の意味をよく考え、分割することで書きやすく分かりやすくした好例です。答えも正解です。「母」を話し言葉で mom とした点や、小学5年生でここまで英文が書けるということは、これまでにかなり英語に接してきているようです。

整えると➡ Mary and Ann were born at the same time, day, month and year. They were also born from the same mom, but they are not twins. Why is this? It is because Mary and Ann are triplets.

「メアリー」は Mary が通常で、Marie などのスペルもあります（スペルは個人が決定するのでいろいろなものがあり得る）。marry は単語としては「結婚する」。「アン」は Anne や Ann です。

「同じ年の同じ月の同じ日の同じ時間に」について。課題での「時間」は **time** ではなく **hour** の意味で出題しています（**日本語では両方とも「時間」と訳される**）。at the same time と書いた場合、同じ時に生まれたわけですから、それ以外の「同じ年の同じ月の同じ日の」も訳出すると意味重複感が強くなります。ただし time の意味にも「時刻」があるので解釈によっては可能。ただし、双子でも時刻は少しずれて生まれてくるので、文全体の意味はやや不自然。

「同じ〜」は **the** same で、まったく同一のものはその性質上、特定であるために定冠詞 the を使います。不特定を指す a ではありません。

連想して答えをみつける

　前置詞は、同じタイプの表現から類推して決定します。「同じ年の」はin 2001 といった表現から類推すればin が普通であることが分かります。「同じ月の」も in May などの類推から in。「同じ日の」は I was born on May 1. などの類推から on。「同じ時間に」は at 1 p.m. などから判断して at。月日時間を連続して書く場合は of も使われ、on the 3rd day of the month や at the same hour of the day などと書かれます。

　「同じ母のもとに生まれた」は were born **to** the same mother が普通。born from とも言い、born of、born by は可能ですがあまり使いません。

　「でも」は、**but よりも強烈で意外感のある yet**（それなのになんと！）を使うとミステリー感が出ます。

　「どうしてでしょう？」については、疑問詞 Why? や Why not? を使うと自分自身も疑問に思っている（出題者も答えが分からない？）感じ。

　答えは三つ子でも、それ以上（四つ子など）でも結構です。twin は「双子のうちの1人」（単数）で、英語では複数で They are not twins. や They are triplets. といった書き方をします。Mary and Ann are... quadruplet. と単数で書いた場合、「この2人 = 四つ子のうちの1人」とつじつまが合わない文になります。

　This is why... の使い方について。This is why Mary and Ann **were** triplets or quadruplets. と書くと「メアリーとアンが（過去に）三つ子か四つ子であっ**た**のは、これが理由」という意味に。This is why... は「この理由により2人は双子ではありません」という書き方で使い（why に続くのはなぞの部分、This is why they are not twins.）、This が何を指しているか（ここでは理由）は文中ではなく、この文の前後に書きます。why 以下は文法的には名詞句で、This is why... を解釈すると「this = why 何々であるかということ」→「このために何々です」と訳されます。

　モデル訳では sisters の部分と on the same day の部分を原文どおりに回りくどく説明することで読者の関心を引き、they are not twins の部分についてはそれほど深く考えないようにしむけています。

　課題はシンプルに「同じ日に生まれた2人の姉妹がいるが双子ではない。では何か。解答せよ」と言っても同じ意味ですが、なぞ度を高める

目的のためにわざとくどい言い方をしています。

珍解答集:
「2 人は the Twins（双子座）ではなく獅子座である」
「2 人は体外受精で、test tube babies（試験管ベビー）である」
「この母は surrogate mother（代理母）である」
「メアリーとアンとはじつは犬であるから、人間に対して使う言葉である twins とは呼べない」

また、課題文の構造を「『同じ年の同じ月の同じ日の同じ時間に同じ母のもとに生まれた 2 人（双子）』の（もとに生まれた別々の）娘」と解釈したものもいただきました。

構文について一言。モデル訳は This is a pen. と同じ SVC 構文。複雑に見えても、やさしい表現が重なったものです。課題第 1 文を分析すると根幹は「メアリーとアンは……2 人の娘です」（Mary and Anne are two daughters . . . .）

「2 人の娘」という名詞句を長く伸ばすとき（「～である 2 人の娘」）、日本語では左に向かって長くなります（同じ年の同じ月の同じ日の同じ時間に同じ母のもとに生まれた**2 人の娘**）。**英語の名詞句は逆に右に伸びるのが特徴です**（**two daughters** who were born to the same mother at the same hour on the same day of the same month in the same year）。

ここでの who were は現代英語ではたいてい省略されます。くどく、削除しても意味は変わらないためです。現代では自然な書き方で、省略していることを意識することはありません。

な ぞなぞ文体で書いた、リズムのある文

Mary and Anne are two daughters born to the same mother at the same hour on the same day of the same month in the same year. Yet they are not twins. How is that possible?

課題 41

夏風邪をひきました。うちの会社ではやっています。

「夏風邪」の冠詞は a、an、the、それとも無冠詞なのか、深く考えましょう

相手にとっては唐突な表現

I caught the summer cold. It has spread throughout the company.

——— 野田燿嗣さん（三重県）の作品

ポイント

▼「風邪」= a cold、colds、cold、the cold
▼ a、the、無冠詞はそれぞれ意味が異なる

正解は a? the? 無冠詞? それとも?

「（作品を）送るようになって a、the などにも気を配るようになりましたが、やはりまだまだよく分かりません。なんとかマスターしたいです」（神奈川県・野村宜史さん）

では小テストです。I have caught [　] cold. を文法的に正しい英文にするには、[　] の中は、a? the? それとも無冠詞?

冠詞理解のために端的に言いますと、どれも正しいのです。ただし意味が違います（**a は不特定、the は特定、無冠詞は抽象**）。

冒頭作品の第2文は優秀です。第1文（**the** 使用）は、唐突に「その夏風邪をひいた」。「その夏風邪」とは、いったいどの夏風邪を指すのですか?と聞き返したくなります。**the は、書き手と読み手に共通理解（これまでの経緯や背景知識）がある場合に「その〜」とだけ言えば以心伝心で話が通じるとき使うものです。**課題において、風邪は初登場の言葉な

ので特定されていません。不定冠詞 a（「（あなたはご存じない）ある1つの〜」）が妥当です。野田さんは the を使った理由を「名詞 cold に形容詞 summer がついて限定されるため、定冠詞をつける」としています。たしかに、多くの種類の cold の中から summer cold の類に絞ったので、その範囲に**限定はされていますが、特定（たった1つに絞る）には至っていません**（夏風邪にもいろいろある、と考える）。**定冠詞 the は限定のしかたが強烈で、前出などを受けて1つ（または1群）に特定**します（「さっきのあの〜」「ご存じの〜」）。**定**冠詞は、**特定**の定です。

　「風邪をひく」は辞書には「catch a cold」または無冠詞「catch cold」と両方載っています。現代では若い世代を中心に catch a cold が優勢だと思います（人により無冠詞も使う）。この a は、「たくさんある風邪のうちの1つにかかった」（宮城県・大浦さとみさん）という考え方が基になっています。**いろいろな種類の風邪を想像しつつ考える**ことをしないと、このあたりは理解困難です。

● ● ● ● ●

英語で風邪はどう理解されているか

　「**一般に病名は不可算名詞で無冠詞**」（兵庫県・井上日出子さん）ですが、風邪は人間がもっともよくかかる病気で、じつは100種以上のウイルスが起こす雑多な症状の総称（正式には **the common cold**）。症状（さむけ、熱、せきなど）も風邪によりさまざまで、これら多数の病気や症状の総称が cold（「一般的に風邪というもの、その症状」、**抽象的で数えられないこと＜不可算＞と考えると無冠詞**）。catch cold（風邪の症状になる）を使う人たち（米国の年長世代?）は cold を抽象的な意味でとらえていると思います（慣用句ですが、あえて分析した場合）。

　cold というものを構成する1つひとつの具体的な病気・症状もやはり風邪であることには違いなく、それぞれが **a** cold（「**ある1種類の** cold」）。ある人があるときに風邪をひくのは個別で具体的な（数えられる）風邪なので、catch a cold（ある1種類の風邪をひく）と言うことができます。

　また複数 colds（「いろいろな cold」）の全体は、抽象的総称としての cold（「cold というもの」）と結局は同じことになります。

　さらに **the** を使う総称用法で the cold と書いた場合は「cold というもの全体」。

以上の a cold、colds、cold、the cold は、（自然な）日本語に訳読するとすべて「風邪」となってしまい、日本人には区別がつかなくなります。**日本語は単数複数、抽象具体、特定不特定の区分をあまりしないため**です。

　「夏にひく風邪」を summer cold と言うことがあります。ジャパンタイムズでは、ある夏、のど風邪がはやりました。このような状況下ならば、私が同僚に唐突に I have caught **the** summer cold. と発言しても、相手には「その」と言うだけで話が通じるでしょう。つまり、I have caught the summer cold (that is prevalent among employees of The Japan Times).（今ジャパンタイムズではやっている特定種類の、ご存じの、夏風邪をひいた）の意です。しかし他社の人に唐突に I have caught the summer cold. と言った場合、相手はどの風邪か特定できず、意思疎通はできません。

　「うちの会社では」は、at the office と言えば **the の効果で文脈から自社と特定**できます（ただし企業とは限らず役所なども含む）。at my / our office と同じ意味。at my company なども可能（ただし同じ会社の他の支店でもはやっているとも解釈できます）。自分が経営する会社ではないことを明確にしたい場合は at the company I work for とできます。

　課題の「風邪」はインフルエンザ（influenza、略して flu）で訳しても結構です。インフルエンザは**特定の１つの（つまり the）**ウイルスが大流行し、皆を次々に襲うのため、I have caught **the** flu.（今はやっているあのインフルエンザ・ウイルスにやられた）が主流表現になりました。こういったニュアンスではない場合は、a や無冠詞も可能（例: If I catch a flu, is there any way to fight it off?「どれか１種類のインフルエンザにかかった場合、治す方法はありますか」、I have got flu.「インフルエンザというものにかかった」）。

　「はやっています」はいろいろな言い方が可能です。It is raging . . .（千葉県・副松勲さん）、It is widespread . . .（東京都・竹崎多恵さん）、It's rampant . . .（東京都・中村ゆきさん）

　I caught a cold in summer.（滋賀県・橋爪久美子さん）は、どの夏に風邪をひいたのかが不明（「夏に風邪をひいた」）。

　I have caught a / the / 無冠詞 summer cold. を訳すとどれも「夏風邪をひきました」になってしまいます。冠詞は日本語にない概念なので、訳読式で勉強していると、この３つの差異は永遠に分からないままです。

「うちの会社で」は、「in my office か at my office か、かなり迷いました」（神奈川県・石野洋子さん）。これもどちらも正解です。ニュアンスが違います。in（～の中で）も at（～という場で）も自然な日本語訳にすると「～で」となってしまうため、訳読式理解では差異が分からなくなります。冠詞や前置詞は、辞書などで解説を読んだあと、やさしい「いろいろな例を観察」（東京都・八木沼健利さん）してイメージをつかんでください。

山下真美さん（京都府）のイラスト

モデル訳として福島県・神山広志さんの作品

I've got a summer cold. It is going around the office.

課題 42

スキャンダルに揺れるABC自動車の社長は昨日の記者会見で、「会長は辞任するのか」と聞かれた。社長は「会長はいろいろ考えています」と答えた。

英字新聞に記事（冒頭部分）を書くとしたらこれをどう書きますか？訳すのではなく、記者になったつもりで書いください

記事ではなく「翻訳」型の作品

The president of ABC Automobile, which is being jolted by a scandal, was asked at a news conference yesterday. "Is the chairperson going to resigne?" and the president replied "He is considering a lot of things."

──── 黒岩竜哉さん（福岡県）の作品

ポイント

▼ 英文記事は翻訳でなく、読者のためにズバリ解釈した情報
▼ 背景・発言者の意図から判断し、「〜と示唆した」と書ける

記者は以心伝心を解釈、結論から書く

今回は和文英訳ではなく、本格的な英文記者課題です。日本でも外国でも「いろいろ考えています」といった**間接表現**が使われますが、そのまま注釈もつけずに書いた場合、読者には何のことかピンときません。たいていの読者は「『いろいろ考えています』って、どういうことなのかしら？」（京都府・藤田佳予子さん）と疑問を持つでしょう。

ジャーナリストはニュースの背景から発言の真意を分析し、**分かりやすい表現**（直接表現に変えたり、解釈を書き込んだり）で書きます。スパ

ッと書く姿勢は欧米ではとくに顕著です。

　課題は実話（社名は架空）で、ある自動車会社が総会屋スキャンダルに揺れており、この日（1997年10月23日）、役員が逮捕されました。これで逮捕者は4名になり、この不祥事では会長（事件当時の社長）の辞任は必至でした。そこで記者が「会長は辞任するのか」と聞きました。この期に及んで会長が居座るというのはあり得なかったのですが、社長（多くの会社ではNo.2）としては自分の上司（会長）について「辞任を考えています」などと言うわけにはいきません。苦しい立場の社長は間接表現で「いろいろ考えています」と答えました。

　「辞任するのか」という**重大質問をされて否定しないのは、図星だから**でしょう。「いろいろ」とは、「（質問のとおり、辞任も含めて）いろいろ（考慮中）」と解釈できます。

　このようなケースでは2段階の書き方（**解釈＋引用**）で、「社長は、会長が**辞任することを示唆**した。具体的には『会長は辞任するのか』との問いに対して、『会長はいろいろ考えています』**と辞任を否定しなかった**」とすると、分かりやすくかつ正確でしょう。**「示唆する」**は hint、imply、**suggest** です。スポーツ紙や外国紙の多くはズバリ「会長辞任へ」と見出しを打つでしょう。モデル訳はズバリ文体の例です。

　実話では、記者会見の1週間後に会長辞任が発表されました（社長自身も辞任した）。

　冒頭作品は淡々と事実記述型。文のパーツが正確に配置されており、冠詞の使い方もパーフェクト、課題からは会長の**性別が不明なため**、**chairperson** できちんと処理してあります。弱点は句読点で、最初のピリオドはコンマとすべき（ask という単語の性質から、ask された内容を書かずに文を終えることができない）。ミススペルなどを直し、迫力を出すために rock を使うと ➡ The president of ABC Automobile, which is being rocked by a scandal, was asked at a news conference yesterday, "Is the chairperson going to resign?" "He is considering a lot of things," the president replied.

　課題を「解釈＋引用」型で書くと（会長が女性であるケース）: The chairwoman of scandal-hit ABC Motors Corp. may resign soon, its president told a news conference yesterday. "The chairwoman is looking at various options," the president said in reply to a question on whether the chairwoman would step down.

　「辞任」(resign, step down, quit) はこのように時制の一致をしますが、メディア文では**時制一致させずに現在形で緊迫感を表現することもあります**。

　「スキャンダルに揺れる」はいろいろ可能。黒岩作品のように関係代名詞で書く以外に、scandal-rocked ABC Motors Corp. とすると文体が引き締まります。scandal-rocked（「scandal に rock されているところの」で <, which is being rocked by a scandal,> と同じ意味）の類は**ハイフンを使って即席合成した語（群形容詞）**で、辞書には載っていません。scandal-ridden（各種スキャンダルだらけ）、scandal-tainted（スキャンダルで汚れた）、scandal-jolted（スキャンダルで揺れた）なども使われます。会長辞任に至るような大揺れでは scandal-rocked（北海道・千葉洋子さん）が迫力が出ます。逆に scandal-shaken（スキャンダルでカタカタ揺れた）とすると、shake は短い幅の揺れなので大した事件には思えません。

　なお、scandalous ABC Car Corporation（北海道・山本由美子さん）では、会社自体が scandalous という書き方なので、社員全員が悪人か、悪を目的とした会社という強烈な感じになってしまいます。

　「記者会見」は news conference（東京都・加治隆さん）がベターです。昔からの用語、press conference（東京都・石田海風さん）を使う人もたくさんいます。そもそもの話になりますが、報道の「プレス」とは printing **press**（印刷機）からきています。printing press とはインクをつけた活字を紙に press して print する機械（現代では輪転機）。この連想で新聞記者のことを press と呼ぶようになりました。

　しかし 20 世紀にラジオ、テレビなどのメディアも登場。press conference（「印刷メディア記者の集まり」）という言い方に、他メディアの記者は疎外感を持ちます。そこで全メディア記者に公平な表現として news conference（「ニュース関係者の集まり」）が広まりつつあります。press conference が間違いというわけではなく、その場合は press を印刷メディア（print media）のみでなく、広義の全メディアとして考えていることになります。

　president とはどんな組織でもトップ（国の大統領でも生徒会会長でも野球部の後援会会長でも）。和英辞典で「会長」として president とも書いてあるのはこのためです。ただし、**会社役職名の「社長」**は

president で「会長」は chairman（chairman of the board of directors、社長より偉い「取締役会議」の議長という意）。なお CEO は、米国などで社長と会長とどちらが実力者なのか分かりにくくなったために、どちらかの人に chief executive officer というタイトルを追加しナンバーワンをハッキリさせるもの。それのみでは社長なのか会長なのかは不明です。

「ABC 自動車」はいろいろに訳せます（固有名詞なので、当事者の判断で決まる）。

実話でのジャパンタイムズでの報道です（1997 年 10 月 24 日第 1 面トップ記事の第 2 段落）: Following the arrest of Yasuo Shimizu, 59, MMC President Takemune Kimura implied in a news conference that he and Chairman Hirokazu Nakamura may resign to take responsibility for the company's alleged involvement in the scandal.

冠詞について一言。「スキャンダル」の部分を「, which is being rocked by a scandal,」など文章で書いた場合、冠詞は the scandal（そのスキャンダル）ではありません。a scandal、scandals、または無冠詞 scandal（抽象名詞「醜聞」）のいずれかが可能。

この世に「スキャンダルに揺れる」会社はたくさんあります。the を使うには、相手にとって 1 つだけに特定ができることが必要。前出がなくても the で特定できる存在は the moon（地球にとっての月）や the economy（日本で発行されている新聞であれば「日本経済」のこと）など、よほどの事柄（唯一と感じられるもの）に限られます。初出で the scandal と書いて、新聞読者の意見が 1 つに一致する（全員が同じものを自然に想像する）ことはないでしょう。

news conference についても、これは昨日にあった数百件の記者会見のうちの 1 つなので、初出では不特定の a にします。

モデル訳として東京都・八木沼健利作品

The president of scandal-ridden ABC Motors replied yesterday at a news conference that the chairperson was considering resignation.

EXTRA

号外

冠詞が弱いと、英語の森で一生迷う

　日本人が書く英語の最大の弱点、それが冠詞です。

　「冠詞は私にとって一生の課題です」（東京都・真田敦子さん）。冠詞関連の出題をするたびに、こういった重たいコメントをいただきます。

　「私も冠詞については苦労している１人です。と言うのも、会社の研修でテクニカル・ライティング（工業英語）を習っているのですが、習えば習うほど分からなくなるというのが正直な感想です」（兵庫県・北岡昭二さん）

　業務で英語を使う北岡さんの場合は深刻です。冠詞は、話題にしているものがどれであるかを指し示す語ですから、ビジネス文書で間違って使うと、Ａのことと思って書いたのにＢのことと理解されてしまった、という事故が発生します。こういった事故が続くと海外の取引先企業との信頼関係も崩れてしまうかもしれません。

　日本人学習者には語彙はたくさん知っていても冠詞に弱い人がほとんどです。すると**どんなに難解な単語を駆使して文を書いても、文章は子供っぽい印象**になってしまいます。ビジネスには当然不利です。

　ライティングは語彙を増やすことだけでなく、やさしい英文を正しく書けることが重要。冠詞（a、an、the の区別）など、**基本的な文法は徹底的に復習**してマスターすることが大切です。

　先月、米国在住の読者から英語で相談メールをいただきました。大学（ジャーナリズム専攻）に留学し、卒業したばかり（現地で求職中）で、英語はすらすらと書けている印象で語彙力もあるのに、冠詞はあちこち欠落していました。以下は冒頭です。

　hi, Sam-san! I really enjoyed reading your web. I graduated from University in US and am looking for a job in US right now. Actually, I got a bachelor's in Journalism and am interested in working as a reporter for Japanese-English magazine . . . . I had applied for many publishers like newspaper or magazine companies . . . as I expected, it's very tough not only to get an offer but also getting just a reply! As a matter of course, it seems that any american publishers never pay attention to me because i'm not native english speaker nor writer.

冠詞が不正確であるということは、日本語では「てにをは」が混乱しているということに相当します。どんなに立派な内容が書いてあっても、どんなに難解な単語を使いこなしてあっても、文章は子供っぽくなります。米国の新聞社や雑誌社に求職の手紙を出しても返事さえもらえなかったと書いてありますが、私は冠詞が最大の障害だったのではと思いました。この方はかなりお悩みのようでしたので、返信メールで冠詞を注意深く使うように勧めました。以下は抜粋です。

Thanks for your mail from San Francisco. I'm delighted to know that you enjoyed my Website. I understand you are seeking a job with an American publisher. Use your kanshi (articles — a, an, the) properly and your writings will look impressive! I wish you best of luck in your job hunting. Sam Ito

アドバイスが役立ったかどうかは存じませんが、日本企業の米国法人で通訳として採用されたとの連絡をいただきました。そのときの彼女からのメールでは、冠詞が弱点であることを自覚しており、これから総復習したいと書いてありました。以下のとおりです。

As you said, my writing has problems in using articles. I have been criticised about that almost everytime I had my papers checked at the school. Although I've been too lazy and too busy to self study about articles while I was at the school, I will study english grammar all over again since I have plenty of time to study by myself now.

【著者プロフィール】

伊藤サム

ジャパンタイムズ外信整理部長。現在はジャパンタイムズの第1面と国際ニュース面の編集を担当。報道部記者時代は外務省、大蔵省、首相官邸、自民党などを担当。父親は米国生まれの日系二世。米国（高校）、英国（ロンドン大学）に留学。一橋大学在学中に英検1級合格者総代。英国BBCなどにもコメンテーターとして出演。著書に『第一線の記者が教える英文記事の読み方』（ジャパンタイムズ）など。雑誌等への寄稿も多数あり、多様なメディアに関わるバイリンガル・ジャーナリストとして活躍中。

著者ウエブサイト
http://homepage1.nifty.com/samito/

第一線の記者が教える
ネイティブに通じる英語の書き方

2001年10月20日　初版発行
2001年12月20日　第2刷発行
著　者　伊藤 サム
　　　　©Sam Ito, 2001
発行者　小笠原 敏晶
発行所　株式会社 ジャパン タイムズ
　　　　〒108-0023 東京都港区芝浦 4-5-4
　　　　電話　東京　(03)3453-2013 ［出版営業］
　　　　　　　　　　(03)3453-2797 ［出版編集］
　　　　振替口座　00190-6-64848
　　　　ジャパンタイムズブッククラブ
　　　　http://bookclub.japantimes.co.jp/
　　　　上記ホームページでも小社の書籍をお買い求めいただけます。
印刷所　図書印刷株式会社

定価はカバーに印刷してあります。

Printed in Japan　　ISBN 4-7890-1073-2